発達障害の子どもの
長所や得意分野を
しっかりサポート

ASD（自閉症スペクトラム障害）、
ADHD、LD

発達障害の子どもが持っている長所に気づいて、伸ばす本

隠れている“得意”をつぶさない対応とサポート

監修＊宮尾益知　どんぐり発達クリニック院長

河出書房新社

はじめに

発達障害の子どもは、その特性のために幼児期からさまざまな問題行動を起こしてしまいます。そのために、“困った子”“落ち着きのない子”“何度注意しても同じ失敗をしてしまう子”などと誤解されたり、マイナス面ばかりを指摘されてしまいがちです。しかし、特性の裏には思わぬ長所や得意な分野といった才能が隠されている子どもも多いのです

本書は、幼児期から思春期前後までの子どもの発達とその経過の中でみられる気になる行動についてわかりやすく解説するとともに、特性がある子どもに隠された長所や得意な分野の見つけ方、伸ばし方について解説しています。

また、近年注目されているギフテッド＝英才児の中には発達障害の特性がある子どもが含まれていることもわかってきました。6章では、発達障害の特性がある子ども＝2E（Twice-Exceptional）についてもわかりやすく解説しています。

本書では典型的な発達障害の症例を紹介していますが、いくつかの症例が当てはまるからといって必ずしも発達障害とは限りません。子どもの発達の速さや持っている才能は一人ひとり違うので、必要以上に神経質になったり悲観する必要はありません。

本書は、子どもの発達障害や親子の関係に詳しい「どんぐり発達クリニック」の宮尾益知先生が監修し、親子で育ち合える方法をやさしく解説しています。

第6章 世界で注目されている「ギフテッド」とは何か

column

解説 宮尾益知 どんぐり発達クリニック院長

第1章

知っておきたい、発達障害の基礎知識

発達障害は、コミュニケーション、言語、社会性などの発達に、なんらかの特性や偏《かたよ》りがあることで生じる不適応な状態をいいます。発達障害とはどのようなものなのか、基本的な知識を押さえておきましょう。

発達障害は、なぜ起きるの？

発達障害が起こる原因やメカニズムはまだ解明されていませんが、先天的に脳の機能になんらかの問題があることで起こる不適応の状態であることが明らかになっています。

◆発達障害って、◆どのような状態をいうの？

近年、〝発達障害〟が広く知られるようになってきました。ところが、それがどのような状態をいうのか、正しく理解されているとはいえません。

これまで発達障害がなぜ起こるのか、原因やメカニズムがよくわからなかったことから、親の育て方や生活環境、本人の性格のせいなど思われていました。当の親や周囲も、「自分たちのしつけが悪かったのだろうか」「愛情のかけ方が足りなかったのかもしれない」などと悩み、自らを責めて苦しむ人も少なくありませんでした。

しかし、現在では研究が進み、発達障害は生まれつき脳の機能になんらかの不具合があり、成長の過程でさまざまな症状や特性が現れて、不適応の状態になることがわかっています。しかも、精神的な症状ではなく、認知（理解や行動）に問題があって、生活や学習面に問題が生じていることが明らかになっています。けっして親の育て方や本人の性格のせいではありません。

そうしたことから、ある種の特性や傾向があっても、社会にうまく適応し、生活を送る上でとくに支障がないようなら、発達障害があるとはみなされません。

脳の問題は、どうして起きるの？

現在、発達障害が起こる原因やメカニズムはまだ解明されていませんが、二つの観点から研究が進められています。

一つは、遺伝子には問題がないけれど、妊娠中や出産時におけるなんらかの影響が、胎児の脳に障害を及ぼすというものです。もう一つは、精子と卵子がそれぞれ持っている遺伝子情報になんらかの異常が起こり、生まれつき脳に障害が起こるというものです。

現段階では、前者は原因の一部にはなっていても、主原因とはいえないという見方が有力のようです。一方、後者については関連性があるかもしれません。同じ遺伝子を持つ一卵性双生児を見た場合、一人に発達障害があると、もう一人も発達障害である確率が40〜98%とかなり高い数字を示すという結果が出ています。

とはいえ、単純に親から子へ遺伝すると考えるのは早計です。また、親子がともに発達障害であるケースが多いことを裏づける科学的証拠が、十分にあるわけではありません。発達障害とは考えにくい親から、発達障害の子どもが生まれることもありますし、発達障害のある子どものきょうだいであっても、多くはふつうに成長しています。

発達障害は、男の子に多い？

発達障害は男の子に多いイメージがありますが、そんなことはありません。発達障害のうち、自閉症スペクトラム障害（ＡＳＤ）については男女比率が３：１といわれているものの、全体では男女ほぼ同率です。

男の子の方が多いと感じられるのは、発達障害による行動の出方が男の子の方が目立つことと、診断基準が男児の行動を基準に作成されているためでしょう。女の子の場合は、いわゆる〝受身型〟といって、自分から動くより相手に合わせて行動することが多く、目立ちにくいことが多いようです。しかし、「生きにくさ」という点においては、男女とも同じように感じています。

発達障害は、どんな種類があるの？

発達障害は、「ASD（自閉症スペクトラム障害）」「ADHD（注意欠如・多動性障害）」「LD（学習障害）」の三つの種類に大きく分けられます。

◆◆ 発達障害には おもに三つのタイプがある

発達障害には、大きく分けて「ASD（自閉症スペクトラム障害）」「ADHD（注意欠如・多動性障害）」「LD（学習障害）」の三つの種類があります。どの発達障害かを見分けるために、さまざまな診断基準や指標が設けられています。特性の現れ方には個人差があり、単独の障害として現れる場合もあれば、複数の障害を併せ持っている場合もあります。

発達障害の診断基準「DSM-5」

発達障害の診断基準としては、アメリカ精神医学会が精神疾患や精神障害を診断するための基準としてまとめた「DSM」が、国際的な診断マニュアルとして広く使用されています。現在使用されている「DSM-5」（第5版）では、精神障害を大きく22のカテゴリーに分類しています。たとえば、「神経発達症群／神経発達障害群」という大分類の中には、

- ●知的能力障害群（知的障害）
- ●コミュニケーション障害群
- ●自閉症スペクトラム障害（ASD）
- ●注意欠如／多動性障害（ADHD）
- ●限局性学習症／限局性学習障害（LD、ディスレクシアなど）
- ●運動症群／運動障害群

などが含まれています。

本書で取り上げる発達障害のタイプ

ASD（自閉症スペクトラム障害）

ＡＳＤは、かつては「自閉症」「自閉性障害」「広汎性発達障害」「アスペルガー症候群」など、さまざまな名称が用いられていました。やがて、これらは一つの連続体（スペクトラム）であるととらえるようになり、現在ではＡＳＤ＝自閉症スペクトラム障害の名称が広く用いられています。

ＡＳＤの典型的な特性として、「社会的なやりとりの障害」「コミュニケーションの障害」「こだわり行動」の三つがあります（三つ組の特性）。具体的には、社会的な対人関係を築くのがむずかしい、他人とコミュニケーションがとりにくい、活動や興味の範囲が狭く、こだわりが強いことなどがあげられます。

ADHD（注意欠如・多動性障害）

ＡＤＨＤによく見られるのは、「不注意」「多動性」「衝動性」というおもに行動面における特性です。落ち着きがない、よく考えずに行動する、ものをよくなくす、集中力に乏しい、一つのことに集中するとほかのことに注意が向けられない、時間が守れないなど多岐にわたります。

LD（学習障害）

ＬＤは、知能全般は正常であるものの、知的能力が“部分的に”遅れている状態をいいます。知的能力として、「聞く」「話す」「読む」「書く」「計算する」「推論する」などがありますが、これらのうち一つ以上に遅れや困難が認められます。そのため小学校入学後に、授業で「教科書が読めない」「漢字が書けない」「算数の問題文が理解できない」などによって気づくケースが多く、学習の習得に時間がかかります。

三つの特性が併存する場合もある

ASDとADHD、ADHDとLD、ASDとLDというように、種類の異なる発達障害の特性を併せ持つケースもあります。また、突発的で不規則な体の動きや発声を繰り返す「チック障害」などと併存することもあります。

発達障害は、治るの？

発達障害は、先天的に脳の機能に問題があることで起こるため、治ることも治すこともできません。しかし、日常生活上で困った症状や問題行動をある程度改善することはできます。

発達障害は、治ることも治すこともできない

発達障害は、生まれつき脳の機能になんらかの不具合があるために起こります。そのため切り傷や風邪が治るのと同じように、発達障害が治ることも、また治すこともできません。発達障害の基本的な特性が一生変わることはありません。

そこでまずは、発達障害の種類やそれぞれの特徴を知り、特性のある子どもがどのような発達の過程をたどるのかを把握しておくことが大切です。その上で障害を治したり無理に矯正したりすることを目指すのではなく、障害を一つの〝個性〟ととらえて、成長の過程に応じた適切なサポートを行なうことが重要となってきます。

困った症状や問題行動の多くは改善できる

発達障害は治らないと聞くとガッカリするかもしれませんが、実はだれでも多かれ少なかれある種の傾向を持っているものです。

たとえば、小学校の授業中に多くの子どもが先生の話に耳を傾けている中、窓の外が気になって、先生の話をうわの空で聞いている子どももいます。授業に集中できないというのも一つの傾向です。そこで「ちゃんと前を向いて、先生の話を聞こうね」と注意されれば、先生の話を聞くことができます。

発達障害がある子どもの場合、授業中に集中して先生の話を聞くのが苦手でも、気が散らないように環境を整えたり、まめに声かけをすることで、話が聞けるようになっていきます。そうしたことを積み重ねることで、日常生活を普通に過ごせるようになります。

だれでも生きていく上でさまざまなルールを覚える必要がありますが、発達障害がある子どもの場合は、その子の傾向に合わせて工夫することが大切です。まわりの空気を読んだり、コミュニケーションをとるのが苦手なことをふまえて、周囲の状況を子どもにわかりやすく伝えたり、次に何をしたらいいのかを明確にするといいでしょう。

発達障害にもある程度改善できる症状と改善が難しい症状がありますが、その子どもの特性を理解した上で、成長に合わせて適切なサポートを行うことで、問題のある言動の多くを改善していくことができます。

◆◆ ADHDには薬が効く場合もある

発達障害の中でもＡＤＨＤは、薬物治療を行うことで症状が改善される場合があります。ＡＤＨＤの治療で保険適用が認められているのが、「コンサータ」「ストラテラ」「インチュニチブ」という薬です。コンサータは、ＡＤＨＤ特有の不注意、多動性、衝動性を抑える作用があり、ストラテラは集中力を高めて段取りや時間概念を改善させる働きがあります。そして「インチュニチブ」は脳内の神経伝達物質の働きを調整し、6歳から18歳未満に有効が認められています。

どの薬がどう効くかは人それぞれですが、正しく活用することで子どもの困った症状を改善し、力を伸ばす手助けになります。一度、専門医に相談してみましょう。

発達障害は、いつごろからわかるの？

発達障害の特性は、基本的に生後すぐには現れません。2〜3歳くらいになると目立ってくる場合が多いようですが、現れ方には個人差があります。

◆◆ 生後すぐにはわからない

発達障害の特性があっても、生後すぐはふつうの赤ちゃんとほとんど変わりませんが、ところどころに特性が現れる場合もあります。

たとえば、おなかがすいたときやおむつが濡れているときなど、ふつうは泣いて知らせますが、特性のある赤ちゃんは泣かずに平然としている場合があります。ベッドで一人寝かされていても、ぐずったりせずおとなしくしていることも珍しくありません。そうした様子に、むしろ親は「泣かない賢い子」「ぐずらなくて手のかからない子」と感じるケースが少なくありません。

とはいえ、発達障害の現れ方には個人差があります。手がかからない子がいる一方、四六時中泣いている、ミルクをきちんと飲まない、寝つきが悪い、寝てもすぐ目を覚ますなど、極端に手を焼くといった場合もあります。

◆◆ 特性は2〜3歳ごろから目につくように

ほかの子と比べて「少し変わっているかな？」と感じ始めるのは、2歳を過ぎたころからが多いようです。そのきっかけとして、「言葉の遅れ」や「共感を示さない」などがあげられます。

たとえば、子どもの名前を呼んでも反応しない、視線を合わせようとしないなどです。また、「アーウー」といった喃語《なんご》は出しても、「パパ、ママ」など意味を持つ言葉を言わず、何度教えても口から出てきません。また、水が飲みたいときに、それを言葉で伝えずに、黙って親の手をつかんで水道のところまで連れていくという行動がしばしば見られます。こうした行動は専門的には「クレーン現象」と呼ばれています。

一人でいることを好むのも、よく見られる特徴です。だれかと一緒に遊ぶよりも、一人で遊ぶことを好んだり、一つのものに執着して、それを手に取るとほかのものがいっさい目に入らなくなるということもあります。

ほかにも、好きらいが激しい、眠らない、いつも体を動かしているなどがあり、親は育てにくさを感じることが多くなってきます。

◆◆ 3〜4歳になると違いが目立つが

3〜4歳ごろになると、ほかの子どもとの違いがはっきりしてきます。医療機関などを受診して、発達障害と診断されるのも3〜4歳からが多いようです。これは裏を返すと、気になるところがあっても、2歳よりも前には発達障害の診断をするのはむずかしいことを意味しています。

その理由は、発達障害の診断の目安の一つである「言葉の遅れ」が、2歳以前の段階では判断しにくいためです。言葉の発達の早さは個人差が大きく、なかには2歳ごろまではまったく気になる点がなかったのに、その後、発達障害の特性が現れるケースもあります。

また、ＡＤＨＤの子どもによく見られる特性で、同じことを何度言っても聞かない、少しの時間もじっとしていられないなどがありますが、これは程度の差こそあれ、多くの子どもに見られるものです。幼稚園や小学校に上がってから特性が表面化することも珍しくありません。

このように発達障害の現れ方は個人差が大きいものですが、その特性になるべく早く気づいてあげることが大切です。

ASDには、どんな特性があるの？

ASDには、「社会的なやりとりの障害」「コミュニケーションの障害」「こだわり行動」などおもに三つの特性があります。ただ、特性はあっても知的な遅れや言葉の遅れがない場合もあります。

◆ ASDの子どもの基本的な特性

ASDの基本的な特性として、「社会的なやりとりの障害」「コミュニケーションの障害」「こだわり行動」があげられます。これらを「三つ組みの特性」といいます。

社会的なやりとりの障害は、場の空気を読むことができない、暗黙のルールを理解できないなど、社会的な場面を理解して行動がとれないことをいいます。

コミュニケーションの障害は、言葉を使って相手に何かを伝えるなど

ＡＳＤの基本的な三つの特性（三つ組みの特性）

① 人との関わりが苦手（社会的なやりとりの障害）

- 人と目を合わせない
- 名前を呼ばれても反応しない
- 相手や状況に合わせた行動をとるのが苦手
- 自己主張が強く一方的な行動が目立つ

② コミュニケーションがうまくとれない（コミュニケーションの障害）

- 言葉の遅れ
- 言われた言葉をそのまま繰り返す（オウム返し）
- 相手の表情から気持ちを読み取れない
- たとえ話を理解することが苦手

③ こだわりがある・想像力が乏しい（こだわり行動）

- 言われたことを表面的に受け取りやすい
- 「ままごと遊び」をあまりしない
- 決まった順序や道順にこだわる
- 急に予定が変わるとパニックを起こす

のやりとりがむずかしいことに加え、身振り手振りなどの非言語的コミュニケーションが理解できないことなどを指します。

　こだわり行動とは、物事のある一部分に強い関心を持ったり、決めたルールや手順に沿った行動をとること。

　たとえば、電車ではなく電車に書かれた文字に興味を示す、お昼の時報と同時に昼食を食べ始める、おもちゃを自分の好きな順番に並べるなど、独特のこだわりを見せます。これらは不安や緊張と関連した行動と考えられています。

　幼児期は、とくに女の子の場合、ＡＳＤのこうした特性が目立たず、気づかれないことがあります。しかし、就学するころになると、空気が読めないために周囲にうまくなじめず、孤立してしまうことがあります。

ASDの長所となりうる特性とは？

苦手なことがある一方で、視覚的、具体的、規則的なことにずば抜けた能力を発揮することがよくあります。また、芸術的センスに恵まれているケースもあります。

ASDの長所となりうる特性①

人との関りが苦手

ＡＳＤの子どもが人との関係を築きにくい理由は、相手が親であれきょうだいであれ友だちであれ、人という存在に興味や愛着があまりないことがあげられます。また、相手が今何を考えているのか、何を求めているのかなど、人の心や行動の意味を推測したり、理解したりするのも得意ではありません。そのため、だれかが困っていたら気にかけたり、助けてあげようという感情を持ちにくく、人間関係をうまく構築することができません。

しかし、人に興味が乏しく、人間関係がうまく築けないからこそ、人の意見に左右されない、まわりの空気に左右されずにはっきりと自分の意見が言えるといった点が長所にもなりえます。

長所1　人の意見に左右されない

長所2　いわゆる忖度をせずはっきりと自分の意見が言える

ASDの長所となりうる特性②

コミュニケーションがうまくとれない

言葉の発達の遅れや偏りは、ＡＳＤのほとんどの子どもに見られる特性です。相手の話を理解し、言葉を使って自分の気持ちを伝えることは、人間関係を築く上で欠かせないコミュニケーションの方法です。

ところが、ＡＳＤの子どもはそもそも人に対する興味が乏しいため、だれかと話したい、話すために言葉を覚えたいという欲求が低いのです。そのため、言葉を使おうとしない、簡単な言葉がなかなか覚えられないという状態を起こすと考えられています。

逆に、ＡＳＤの子どもの中には、言葉の遅れがなく、むしろ早くて達者な場合もあります。意味は理解できなくても、むずかしい言葉や表現を使ったり、年齢のわりに大人びた物言いをする子どももいます。

　全般的に言葉によるコミュニケーションは苦手ですが、視覚や聴覚に関して独特の感覚を持っているケースが少なくありません。一度見たものは忘れない、一度に多くのことを記憶できる、一度聴いた曲をすぐにピアノで弾けるなど、ずば抜けた能力を持っている場合があります。

長所3　視覚的、聴覚的にずば抜けた能力を持っている場合がある

長所4　絵画や音楽など芸術面に秀でた能力を持っている場合がある

ASDの長所となりうる特性③

こだわりが強い

　ASDの子どもによく見られる「こだわり行動」は、同じ行動や動作をいつまでも繰り返す「常同行動」です。上半身を前後に揺らす、目の前で手をひらひらさせる、ドアを開けたり閉めたりするなど、はた目には意味がないように見える動作をいつまでも繰り返します。

　こうしたこだわりが物に向かうこともあります。何かのふたやお菓子の包み紙を集めるのが好きだったり、気に入ったものに対する執着心が強いのです。こうした行動をとる裏には、活動や興味の範囲が限られていて、ほかに何をしたらいいかわからないことも一つの理由です。

　しかし、活動や興味の範囲が限られているからこそ、その中で集中して高いパフォーマンスを発揮したり、まじめで几帳面だったり、自分の決めたルールを忠実にこなすといった長所もあります。

長所5　興味のあることには集中して取り組める

長所6　まじめ、几帳面、努力家

長所7　ルールを守る

長所8　目標達成への意欲が高い

ADHDには、どんな特性があるの？

ADHD（注意欠如／多動性障害）には、「不注意」「多動性」「衝動性」という三つの基本的な特性があります。また、LDやASDなどほかの発達障害と併存している場合もあります。

◆ADHDの基本的な特性

ADHDは、英語で「attention《注意》-deficit《欠陥》 hyperactivity《多動性》 disorder《障害》」といい、「不注意」「落ち着きがない（多動性）」「よく考えずに行動する（衝動性）」という三つの特性があります。アメリカ精神医学会による診断基準（DSM）では、「知能発達に大きな遅れはなく、環境によるものが原因ではないにもかかわらず、多動、衝動性があり、注意が集中できない状態」と定義されています。

また、ADHDには三つの特性に加えて、ほかの障害を併せ持っている場合が多くあります。たとえば、LDのある子どもはおよそ6割、不安障害や気分障害を持っている子どもは2～7割とされています。

◆以前はさまざまな診断名がつけられていた

ADHDの特性は4歳よりも前、遅くとも7歳以前に現れてくることが多いようです。ただ、12歳ごろに気づかれるケースもあります。一方、多動があまり目立たず、注意や集中ができないことをおもに訴える「注意欠如障害（ADD）」の子どもは、問題行動がそれほど目立ちません。そのため青年期まで、もしくは青年期以降もきちんとした診断がされないこともあります。

ＡＤＨＤの基本的な三つの特性

不注意

- 集中力がない
- モノをよくなくす
- 細かいことに気が付かない
- 忘れ物が多い
- 特定のことに注意を留めておくことが困難で、課題に取り組んでもすぐに飽きてしまう。

多動性

- じっとしていられない
- 授業中も席を立ってウロウロする
- 静かに遊んだり、読書をしたりすることが苦手
- 手や足をいつもいじっている
- 授業中でも物音をたてたりする

衝動性

- 順番を待てない
- 列に割り込む
- 先生からあてられる前に答える
- 他の児童に干渉する

このＡＤＨＤという診断名が用いられるまでには、さまざまな変遷がありました。１９４０年ごろは、軽い脳炎後や頭部外傷を受けた子どもたちが、あとになって極端によく動き、過度に不注意で、衝動的になることがあったことから、脳になんらかの小さな損傷ができたために起こる症状と考えられ、「微細脳損傷症候群」と呼ばれていました。また、一過性の脳の機能不全だとして「微細脳機能不全」と呼ばれたり、症状そのものを表す診断名として「小児期多動反応」や「過活動自動症候群」といわれることもありました。しかしその後、前述の「ＤＳＭ」が診断基準に使われるようになり、「多動が中心の症状ではなく、注意を集中あるいは持続することが困難（不注意）なために、多動、衝動的になる」と考えられるようになって、ＡＤＨＤが診断名として用いられるようになりました。

ADHDの長所となりうる特性とは?

集中力が乏しくじっとしていないイメージの強いADHD。しかし、宝石の原石のように、磨き方やカット次第で輝きを放つ可能性を秘めています。

ADHDの長所となりうる特性①

不注意

ADHDの子どもによく見られる特性として、「集中力がない」ことが挙げられます。授業中は机についていて勉強すると頭ではわかっていても、ほかに気になるものが見つかると、そちらに関心が移ってしまいます。ほかの子どもよりも、一つのことを最後までやり通すのに、多くの努力と気力を要します。

また、興味のないことには気もそぞろであることが多いため、物をよくなくしたり、忘れ物が多いという傾向もあります。

このように一つのことに集中したり、細かいことに注意を払うことは苦手ですが、新しいことを思いついたり、見つけたりすることが得意であるといえます。また、興味のないことには集中できなくても、興味があることや好きなことには高い集中力を発揮する場合があります。

長所1 新しいものに目ざとい

長所2 興味があることには没頭できる

長所3 アイデア豊かで発想力に富んでいる

ADHDの長所となりうる特性②

多動性

ADHDの子どもは、とにかくじっとしているのが苦手です。授業中でも席を離れて教室をウロウロしたり、座って読書をしていてもすぐに飽きてしまいます。ふつうの子どもは、宿題をするときに「宿題を終わらせれば遊びに行ける」「宿題をやらないとお母さんに叱られる」といった思考が働き、遊びたい欲求を抑えて宿題をやります。しかし、ADHDの子どもは自分の欲求をコントロールすることがむずかしい面があり、今やるべきことではなく、今やりたいことを優先し、行動に移しがちです。

　こうした特性も見る角度を変えれば、行動力がある、思いついたらすぐ行動する、エネルギッシュであるともいえます。

⇦ **長所4 行動的でエネルギッシュ**

ADHDの長所となりうる特性③

衝動性

　順番が待てない、急に感情が高ぶる、友だちやクラスメートに干渉する、他人の話に割り込む、先生から当てられる前に答えるなど、ADHDの子どもには「抑制がきかない」一面があります。そのため本人に悪気はなくても、友だちや先生との間でしばしばトラブルが起こります。こうした行動は周囲から理解されにくいため、「どうしてこんなことするの？」と困惑されたり、行動や発言が自分勝手に見られることが少なくありません。

　これらの行動や言動はたしかにほめられるようなことではないのですが、それらを違う方向に向けてあげれば、積極性がある、コミュニケーション力がある、頭の回転が速いという特性にもなります。

⇦ **長所5 積極的なコミュニケーション力がある**
長所6 頭の回転が速い
長所7 強い感受性からくる共感力

LDには、どんな特性があるの？

LD（学習障害）は、「読む」「聞く」「話す」「書く」「計算する」「推論する」など脳の認知機能のいずれかに不具合が生じた状態をいいます。しかし、医療的な意味の障害ではありません。

◆六つの学習能力の ◆どれかに障害がある

ＬＤは、英語の「Learning Dis-order」の略で、日本では「学習障害」と訳されます。

その基本的な特性は、知能全般は正常であっても、「聞く」「話す」「読む」「書く」「計算する」「推論する」という六つの能力のうち、一つ以上の修得や使用に障害があることです。

その特性は同じように現れるのではなく、人それぞれに違います。

また、ほかの発達障害と併存している場合も少なくありません。

ＬＤのおもな特性

「聞く」ことの障害

- 会話が理解できない
- 文章の聞き取りができない
- 書き取りが苦手
- 単語や言葉の聞き誤りが多い
- 長い話を理解するのが苦手
- 長い話に集中できない
- 言葉の復唱ができない

「話す」ことの障害

- 筋道を立てて話すことが苦手
- 文章として話すことが苦手
- 会話に余分なことが入ってしまう
- 同じ内容を違う言い回しで話せない
- 話が回りくどく、結論までいかない

「読む」ことの障害

- 文字を発音できない
- 間違った発音をする
- 促音（小さな「つ」）や拗音（小さな「や」「ゆ」「よ」）を発音できない
- 単語を読み誤る（たとえば「つくえ」を「つえく」と読んでしまうなど
- 文字や単語を抜かして読む
- 読むのが遅い
- 文章の音読はできるが、意味が理解できない

「書く」ことの障害

- 文字が書けない
- 誤った文字を書く
- 漢字の部首（へんとつくり）を間違う
- 単語が書けない、誤った文字が混じる
- 単純な文章しか書けない
- 文法的な誤りが多い（「てにをは」の誤りなど）

「計算する」ことの障害

- 数字の位どりが理解できない
- 繰り上がり、繰り下がりが理解できない
  ＊数字は1～9となり、繰り上がりで10と0から始まるという概念が理解できない。
- 九九を暗記しても計算に使えない
- 暗算ができない

「推論する」ことの障害

- 算数の応用問題・証明問題・図形問題が苦手
- 因果関係の理解・説明が苦手
- 長文読解が苦手
- 直接示されていないことを推測することが苦手

LDの長所となりうる特性とは？

聞いたり、書いたり、話したりする場面で、さまざまな困難があるLDですが、子どもに合った苦手の克服法を見つけることで自信を持たせることが可能です。

LDの長所となりうる特性①

読み書きが苦手

LDの医学的領域において、読むことが苦手な「読字障害」と書くことができない「書字障害」は大きな部分を占めています。具体的には、文字を正しく読めない、間違った発音をする、漢字の音読みと訓読みがわからない、漢字がうまく書けない、文章がうまく書けない、言葉のつながりがわからないなどで、国語を学んでいく上で大きなネックとなります。

読み書きがうまくいかない状態の

一つに「ディスレクシア」があります。日本語では失読症、難読症と訳されますが、知的な遅れがなく、ふつうに会話ができるにもかかわらず、文字の読み書きがうまくできません。しかし、ディスレクシアの人の中には、読み書きができないハンディーキャップを、耳で聞いて記憶することで克服している人もいます。

長所1 ← **記憶力を伸ばすことで克服できる場合がある**

LDの長所となりうる特性②

六つの能力の障害

LDの子どもには、聞く、話す、読む、書く、計算する、推論するなどの一つ、または複数が苦手です。そのため人とコミュニケーションをとるのがむずかしかったり、わからないから集中力も続かない場合もあります。

しかし、近年では特性による困難を支援するさまざまなツールが登場しています。「文字カード」や「絵カード」といったものから、パソコン、タブレットPC、デジタル教科書、ペン型音声再生機、ノイズキャンセリングヘッドフォンといった機器など、さまざまなツールがあります。これらを上手に活用することで苦手を克服し、意欲や自信につなげることもできます。

長所2 ← **支援ツールの活用で苦手の克服も可能**

特性を長所とするために必要なサポートとは

解説
宮尾益知
どんぐり発達クリニック
院長

飽きるまでとことんやらせてあげよう

　人間はだれしもいろいろな経験をすることで、好き嫌いや得手不得手が見えてくるものです。それは特性のある子どもも同様です。そこで、子どもの良いところを伸ばそうと考えるなら、まず親がいろいろな経験ができるようなお膳立てを心がけましょう。その中から、どんな物事が好きなのか、何が自分に合っているのかを探す手伝いをすることが第一です。

　たとえばＡＤＨＤの子どもの場合、多動性や衝動性の特性から一つのことに集中して取り組むことは苦手ですが、好奇心は旺盛なので目に映るさまざまな物事に興味を持ち、すぐにやり始めたりします。もし状況が許すのであれば、それを存分にやらせてあげましょう。集中力が続かず、すぐに飽きて投げ出してしまうかもしれませんが、それでもいいのです。飽きたら、また別のことをやってみる。そうした中から、何かツボにはまる物事が見つかり、毎日飽きずにやり続けるようになるかもしれません。

　ここでポイントとなるのは、子どもがやっていることに対して「そんなつまらないこと」と決して言わないことです。子どもは直感的に、「好き」や「おもしろそう」を判別します。それは色のついた石ころ集めだったり、ダンゴムシ探しだったりと、大人からすれば「そんなことが何の役に立つの？」と思うようなことが少なくありません。それでも、「すごいね」「よく見つけたね」と認めて、飽きるまでとことんやらせてあげてください。対象は何であれ、意欲を持って何かをやり続ける気持ちを育んであげることが、特性を長所にしていく上で重要なのです。

「好き」をやり続けさせるだけの度量が必要

ところが、頭ではわかっていても実際にはそううまくはいきません。私のクリニックに来る患者さんを見ていても、親が子どものすることを否定しているケースが少なくないのです。

それも無理はありません。子どもがダンゴムシ探しばかりをしていたら、「そんなことしていないで、勉強しなさい」と言ってしまうでしょう。

これは学校の先生でも同じです。先生は子どもたちに勉強を教えて、中学や高校に行くための学力や状況を整える立場にあるので、やはり「勉強しなさい」と言ってしまいがちです。子どもが興味を持った一つのことを、ずっとやり続けさせてあげるには、それだけの度量を持つことが親や支援者に求められます。

実際、特性のある子どもが「好き」や「興味」をとことん追求した結果、その道の専門家になった例は少なくありません。ただ、専門家になるには、単にダンゴムシだけにくわしくなればいいわけではなく、それを専門的に勉強できる大学などに進学する必要があります。それには、たとえ好きではなくても国語や算数、英語なども勉強しなければなりません。

そこで親や支援者は、子どもが「好き」や「興味」のあることをやり続ける環境を整えながら、ほかに必要な勉強もさせる必要があります。これは言葉で言うほど簡単ではなく、大変根気のいる作業ですが、子どもの将来を見据えながら、気負わずに取り組むといいでしょう。

column 1

誤解されている発達障害

近年、発達障害がクローズアップされる機会が多くなりました。インターネット上はもとより、雑誌やテレビ番組などでも特集が組まれています。発達障害をカミングアウトし、自分の経験を語る有名人も登場し、障害への理解が進んでいるかに見えます。

その一方で、いまだに根強く残る誤解も少なくありません。たとえば、「発達障害はその子の性格や親のしつけのせい」「この数年で発達障害が急増している」「女の子より男の子の方が多い」「犯罪に手を染めてしまう」などは代表的な例といえますが、どれも正しくありません。そして残念だと感じる誤解の多くは、発達障害のある人にも良いところがたくさんあり、優れた能力を秘めている場合があるということが、あまり知られていないことです。

発達障害のある人は、興味がないことには関心が向きませんが、興味があることには驚くほどの集中力を発揮する場合があります。10年分のカレンダーの日付と曜日をすべて暗記したり、一度聞いただけの楽曲をすぐに演奏できたり、一瞬だけ見た風景や映像を細部まで記憶してしまう人もいます。また、独特の感性から芸術面に優れた才能を持っていることもあります。そうした能力により、何か一つのことを極める可能性があるのです。

まずは発達障害の正しい知識を身につけ、もし、子どもの言動や行動に気になることがある場合、早めに専門機関に相談したり、医療機関を受診することが大切です。早い段階でわかっていれば、子どもの特性に合わせた対応の仕方を見つけやすくなります。そこから良いところや得意なことを見極め、それを伸ばしていけるようにサポートしていくことが得策といえます。

第2章

ASDの長所・得意分野の見つけ方、伸ばし方

人とのかかわりが苦手、コミュニケーションがうまくとれない、こだわりが強いなどの特性があるASDの子どもたち。ふつうの子どものようにできないことはたくさんありますが、場面や状況によっては、ふつうの子どもにはできないことができる場合があります。そんな長所をたくさん見つけてあげましょう。

ASDの

長所 1

人の意見に左右されない

ASDの子どもは、人に対する関心や愛着が乏しいことから、人とのかかわりが苦手です。しかし、その分自分の考えを持ち、それを貫く強さを持っている場合があります。

ASD 短所

「人に対して関心や愛着を示さない」

「人に関心や愛着がない」のマイナス要素

- ●人と目を合わせようとしない
- ●親やきょうだい、友だちでも愛着を示さない
- ●相手が今何を考えているのか、人の心や行動の意味を考えたり、理解したりするのが苦手
- ●困っている人を助けてあげようという発想に乏しい
- ●人間関係を築くのが苦手など

長所

「人の意見に左右されない」

特性をプラス要素に変えるポイント

POINT1 一人遊びを否定しない

人に関心が向かず、一人でもくもくと遊んでいる様子を見ると、親としては不安になることもあるかもしれません。しかし、「友だちと遊んだ方がいい」「友人関係を築いた方がいい」という感覚にとらわれず、本人が平気なら存分に一人遊びをさせてあげましょう。

POINT2 感情表現が苦手なことを理解する

ASDの子どもは、人の表情や様子などから感情を読み取るのが苦手なため、相手の気持ちを考えない言動や行動をとってしまうことがあります。それをまず理解してあげましょう。“空気が読めない”代わりに、的を射たことを言うケースも少なくありません。

POINT3 子どもの自己主張には耳を傾けよう

ASDの子どもの中には、自己主張が強かったり、一方的な行動が目立つ場合があります。そうした言動に対して、「そういう言い方はやめなさい」「自分勝手な考え（行動）はよくないよ」と否定せず、子どもの主張をひとまず聞いてあげましょう。人を傷つけたり、いやな気持ちにさせるような主張でなければ、「そういう考え方もあるんだな」と大目に見て、受け止めてあげましょう。

ASDの

長所 2

はっきりと自分の意見が言える

ASDの子どもの中には、まわりの状況におかまいなくマイペースな言動が目立つタイプの子もいます。しかし、それはいわゆる〝忖度《そんたく》〟なしにものが言えるということでもあります。

短所

［マイペースな対人行動］

「マイペースな対人行動」のマイナス要素

- 相手の気持ちや状況に合わせた行動が苦手
- 人見知りをしない
- 自分の言いたいことを一方的に話す
- 思いついたことをそのまま口にしてしまう

など

長所

「はっきりと自分の意見が言える」

特性をプラス要素に変えるポイント

POINT1
否定的な言葉で注意しない

特性のある子どもに対して、基本的に「ダメ」「いけません」など否定的な言葉を使うのは控えましょう。ダメと言われても、「ではどうすればいいのか」がわからず、戸惑うだけだからです。物事をストレートに言うことは否定せず、「友だちの容姿については言わない」「こう言ってみれば？」とルールを教えたり、違う言い方を提案するようにしてみましょう。

POINT2
人の話を聞くことを教える

無口なタイプとは対照的に、自分の話したいことを一方的に話す子もいます。この場合、ひと通り、子どもの話に耳を傾けてあげましょう。話が終わったら、「今度はお母さん（お父さん）の話を聞いて」と、子どもに人の話を聞く練習をさせるのもいいことです。

POINT3
簡潔でわかりやすい言葉遣いを心がける

子どもは、日常的に親や先生などの話や話し方に触れながら成長していきます。しかし、特性のある子どもは、大人がよく使うような慣用句や比喩的な表現、冗談、皮肉、敬語、決まり文句などを理解することが苦手です。そこで日常会話においても、それらの表現を極力避けて、はっきりとわかりやすい言葉で話すようにしましょう。

ASDの

長所 3

視覚的、聴覚的、芸術的にずば抜けた能力を持っている場合がある

ASDには感覚器官の働きにも特性があり、過敏すぎたり鈍かったりする場合があります。しかし、その一方でずば抜けた才能を発揮する場合もあります。

短所

［目や耳、肌などの感覚がアンバランス］

「感覚器官のアンバランス」のマイナス要素

- 高い音、大きな音、騒音が苦手
- 黒板やガラスを爪でひっかく音には無反応
- 木漏れ日や電飾などチラチラした光を飽きずに眺める
- 光や照明に敏感で陽光や照明がまぶし過ぎると感じる
- 抱っこや頭をなでてもらうなどの肌の接触をいやがる
- 切り傷やすりむき傷などの痛みにもケロッとしている
- 暑さや寒さに鈍感、あるいは敏感過ぎる場合もある
- 味覚にも偏りがあり、何週間も同じものしか口にしないことがある

など

長所

［視覚的、聴覚的、芸術的なことにずば抜けた能力を発揮する場合がある］

特性をプラス要素に変えるポイント

POINT1 好んでやっていることは見守ろう

チラチラする木漏れ日、点滅する電飾、くるくる回る理髪店の看板など、本人が興味を持っていつまでも見ているなら、「いい加減にしなさい！」などと割って入らず、心ゆくまでやらせてあげましょう。本人も何か感じるものがあって、見ているのかもしれません。

POINT2 一見意味がなさそうなことでも存分にやらせてみる

電話帳１冊、カレンダー100年分の日付けと曜日、円周率を何ケタも暗記してしまう、子どもなのにパソコンやコンピューターなどを簡単に操作できる、完成図のない複雑なパズルや模型を完成させるなど、ASDの子どもの中には並外れた能力を持っている子がいます。「それが何になるんだ？」ととらえず、存分にやらせてみることで才能が伸びる場合もあります。

POINT3 音楽や絵画に親しむ機会を持つのもいい

感覚の特性や記憶力の良さから、一度しか聴いたことのない曲をピアノで弾けたり、精密な絵が描けたりと、ASDの子どもの中には音楽や絵画に才能を発揮する子が少なくなく、のちに著名な芸術家になった人もいます。いろいろなことにチャレンジさせてあげるといいでしょう。

ASDの
長所 4

興味のあることには集中して取り組める

ASDの子どもは、興味の「あること」と「ないこと」がはっきり分かれていることが少なくありません。興味のあることには、驚くほど集中力を発揮する場合があります。

短所 「まわりの人や状況に関心が向かない」

「まわりの人や状況に関心が向かない」のマイナス要素

- ●声をかけても返事をしない
- ●周囲にいる人に関心が向かない
- ●周囲で起こっていることに関心が向かない
- ●叱られていても「我関せず」など、その場の雰囲気に合わない態度をとることがある

など

長所

「興味のあることには集中して取り組める」

特性をプラス要素に変えるポイント

POINT1
呼びかけに応じなくても気にしない

だれかに呼ばれていても、興味がないときは返事をしなかったり、振り向かないことがあります。それは他者とのコミュニケーションが苦手な特性によるもので、相手がきらいなわけではありません。「何か別のことに関心が向いているんだな」くらいにとらえておきましょう。

POINT2
何かに集中しているようなときはやらせてあげよう

折り紙をひたすら細かくちぎっていたり、回転いすに座ってクルクル回り続けたり、はた目には意味がなさそうなことでも、本人は好きでやっているのかもしれません。生活に支障がないなら、好きにやらせてあげましょう。

POINT3
習い事で能力の開発につながる場合も

本人が興味を持ちそうな習い事にチャレンジさせてあげるのもいいことです。実際にASDの子どもの中には、絵画、音楽、陶芸、書道、手芸、料理などを習っているケースが少なくなく、のちにその分野で能力を発揮している人もいます。

ASDの
長所
5

まじめ、几帳面、努力家

ASDの基本的な特性である「こだわりの強さ」は、融通がきかない反面、こだわっていることには、きっちりとまじめに取り組み、努力し続けることができます。

短所

［こだわりが強く融通がきかない］

「こだわりが強く融通がきかない」のマイナス要素

- 自分だけのこだわりがある
- 想像力に乏しい
- 決まった順序や道順にこだわる
- 気に入ったものへの執着が強い
- 活動や興味の範囲が限られている

など

長所

「こだわっていることに対しては飽きずにとことん取り組む」

特性をプラス要素に変えるポイント

POINT1
子どものこだわりを否定しない

子どもがこだわっていることが、はた目から見て意味があるように思えなくても、好んで取り組んでいるようならそれを認めてあげましょう。むやみに「そんなことはやめなさい」などと否定しないことが大切です。

POINT2
順序や時間に対するこだわりを認めよう

ASDの子どもは、毎日決まった同じルートを使って学校に通ったり、昼12時の時報とともに昼食を食べ始めたりするなど、自分で決めた順序や時間に強くこだわることがあります。そういう面に対しては融通がきかないとマイナスにとらえず、几帳面ととらえて認めてあげましょう。

POINT3
継続や努力をほめてあげよう

頭ではやらなきゃと思っていても、なかなか継続できないのが人間です。どんなことであれ、子どもが毎日もくもくとやっていることがあれば、それを続けていることのすごさを評価してほめてあげましょう。

ASDの
長所6

ルールをきちんと守る

ASDの子どもは、こだわりが強いという特性があり、自分が決めたルールや身についた習慣はきちっと守るところがあります。

ASD

短所

［ルールや規則に厳しい］

「ルールや規則に厳しい」のマイナス要素

- 周囲におかまいなく自分だけのルールにこだわる
- 「ままごと遊び」や「ごっこ遊び」をあまりしない
- 決まった順序や道順を無理に変えようとするとパニックを起こす場合がある
- 自分の決めたルールや規則をほかの人にも守らせようとする

など

長所

「ルールをきちんと守れる」

特性をプラス要素に変えるポイント

POINT1
基本的に「ルールを守る」のは良いこと

自分の決めたルールに沿って行動し、ときにはそれを他人にも要求するとことはありますが、「ルールを守る」こと自体は良いことです。そのルール設定に偏りが見られても、ほかの人に不利益を及ぼすようなことがなければ見守ってあげましょう。

POINT2
生活に必要なルールを教えてあげよう

まだ身についていない生活習慣があるなら、時間や順序などをパターン化し、身につくように支援してあげましょう。一度身につけば、そのルールをきちんと守れるようになります。しかも、自分でやり方を勝手に省略したり、ズルをして怠けたりするようなこともありません。

POINT3
スケジュール表を活用する

特性のある子どもは、優先順位をつけて行動したり、次にとるべき行動がわからないと不安になります。この場合、目で見てわかるようにスケジュール表をつくり、1日の中で決まり事をどんな流れでやったらいいか、わかりやすくサポートしてあげると効果的です。

ASDの長所 7

目標達成への意欲が高い

こだわりが強いという特性が、ときに「目標を達成したい気持ち」に表れる場合もあります。その意欲を上手にリードすることで、本人に達成感や満足感を与えてあげましょう。

短所

「自分の考えや行動が正しいと思い込んでしまう」

「自分の考えや行動が正しいと思い込む」のマイナス要素

- 時と場合を考えずに、自分だけのルールを周囲にも押しつける
- 友だちと遊ぶとき、自分の思ったようにならないと機嫌が悪くなる
- 好きな科目はいつも100点を取らないと気がすまない
- 我慢することが苦手
- 自分がやっていることは正しく、人がやっていることは間違っていると考えてしまう

など

長所

［目標を達成したい気持ちが強い］

特性をプラス要素に変えるポイント

POINT1 子どもの考え方をむげに否定しない

子どもの考え方に偏りがあると感じても、「それは間違っている」と頭から否定しないことが大切です。子どもの意欲をつぶしてしまいかねません。まずは、子どもの考え方や行動がまわりの人に負担や迷惑をかけないように配慮しましょう。

POINT2 目標の立て方を上手にサポート

たとえば、「ゲームでボスを倒す」「「教科書に出てくる漢字をノートに書き写す」など、自分だけの努力で目標が達成できるようなことにチャレンジさせてみましょう。また、その目標が達成可能なものかどうかを見極めることも大切です。

POINT3 没頭しているときは温かく見守る

子どもが時間を忘れて何かに取り組んでいるようなときは、危険が伴わない限り、「こうすれば……」と、横から口を挟まずに見守ってあげましょう。「目標を達成するための行動」にこだわる力は、思いもよらない成果を上げる原動力になります。

column 2

自己肯定感を高めることが大切

子どもは成長の過程でさまざまな経験を積み、ほめられたり認められたりすることで自信や意欲が芽生え、自己肯定感を高めていきます。自己肯定感とは、「自分は生きている価値がある」と自分を肯定する気持ちをいいます。

ところが、発達障害のある子どもは、自己肯定感を持つことがむずかしい場合があります。

たとえばＡＳＤの子どもは、国語の読解問題は苦手でも、歴史や地理の暗記は得意などの偏りがあります。多くの親はつい、「国語がダメね」「もっと本を読みなさい」などと、努力してもできないことに目を向け、はっぱをかけてしまいがちです。また、ＡＤＨＤの子どもは、一つのことにじっくり取り組むことが苦手だったり、じっと机の前にいられないなどの行動が目立つため、叱られることが多くなりがちです。

さらに、特性のために同じ失敗を繰り返すので、何度も叱られてしまいます。そうしたことが日常的に繰り返されると自己肯定感を育むことができず、「自分はダメな子」だと思い込んでしまう場合も少なくないのです。

しかし、得意なことを伸ばしたり、持てる能力を発揮するには、自己肯定感が欠かせません。特性があっても、必ず良いところがあります。それを見つけて、伸ばしていけるようにサポートしましょう。

その最善の方法が、ほめることです。本人ができないことの陰に、できることや良いところが隠れています。それを引き出してあげられるのが親です。ほんのささいなことでもいいところを見つけ、ほめて認めてあげましょう。子どもの行動が必ず変わってくるはずです。

第3章

ＡＤＨＤやＬＤの良い点の見つけ方、伸ばし方

「不注意」「多動性」「衝動性」などの特性により、小さいころから叱られてばかりいるＡＤＨＤの子どもや、特定の学習の習得が困難なＬＤの子どもは、「自分はダメな子」だと自信や意欲を失ってしまいがちです。しかし、宝石の原石のように、きちんと磨けば輝きます。特性を生かして伸ばす方法を考えてみましょう。

ADHDの

長所 1

探求心が旺盛で新しいものに鼻がきく

ADHDの子どもは、飽きっぽく集中力が続かないと言われます。しかし、裏を返せば刺激に敏感で、つねに新しいものを探し求める気持ちが強いともいえます。

短所

ADHD

［飽きっぽく集中力に欠ける］

「飽きっぽく集中力に欠ける」の
マイナス要素

- やり始めたことをすぐに投げ出す
- 好きで始めたことでも長続きしない
- 何かに取り組んでいると思ったら、もう別のことをやっている
- 最後までやりきることが少ない

など

長所

「探求心が旺盛で新しいことに鼻がきく」

特性をプラス要素に変えるポイント

POINT1
やらなければならないこと以外は好きにさせてみる

食事中は食べることに集中する、宿題は最後までやりきるなど、やらなければならないことはしっかり最後までやらせる必要があります。しかし、緊急かつ重要でないことなら、気の向くままにさせてあげましょう。はた目にはフラフラしているようですが、本人はその中で新しいことをどんどん吸収しています。

POINT2
さまざまな体験の機会をつくる

本を読んだり、買い物に連れていったり、少し遠出をしてみたりと、子どもにさまざまな体験の機会を意識的に設けてあげましょう。何に興味を持つかは人それぞれですが、何かを通じて幅広い情報に触れ、知識や見識を深めていきます。

POINT3
今日あった出来事を聞いてみよう

夕食の時間などを利用して、今日あったこと、おもしろいと感じたこと、印象に残ったことなどについて、子どもとおしゃべりしてみましょう。特性のために忘れっぽいところもありますが、話題に上ってくるようなら、本人がどんなことに興味を持ちやすいのかという傾向がわかってくる場合があります。

ADHDの長所2

興味のあることには没頭できる

落ち着きがなく、集中力にも欠ける一方で、興味のあること、好きなことには没頭するほどの集中力を発揮することがあります。

ADHD 短所

「興味のないことには集中できない」

「興味のないことには集中できない」の
マイナス要素

- ほかに気になるものを見つけると、授業中でもうわの空になったり、席を離れてしまうこともある
- 勉強の集中力が長続きしない
- 興味がないと忘れてしまう（忘れ物が多い）
- 歯磨きや手洗いなど生活の日課を面倒くさがる

など

長所

「興味のあることには没頭できる」

特性をプラス要素に変えるポイント

POINT1 没頭させてあげよう

ADHDの子どもは、適度に集中するのは上手ではありません。気の進まないことには身が入りませんが、好きなことにはのめり込みます。そこでもし、わき目もふらず何かに没頭しているようなら、邪魔をせずにやらせてあげましょう。

POINT2 疲れを残さない工夫を

長い時間過集中の状態が続くと疲れてしまい、それ以外のことができなくなってしまう可能性も考えられます。何かに夢中になったあとは子どもがリラックスできるように、親がオンとオフの切り替えを上手にサポートしてあげるといいでしょう。

POINT3 興味のないことにはほめてやらせよう

放っておいても好きなことや興味のあることはやる一方で、興味のないことはやらないというのも困ります。長続きしないことや面倒くさがるようなことに対しては、ほめてあげるとやる気になったりします。

ADHDの

長所3

アイデア豊かで発想力に富んでいる

ADHDの子どもは、集中力のなさから何ごとも中途半端だと思われがちですが、頭の中にとりとめのない考えがあふれていて、そこから思いもよらない発想が生まれることがあります。

ADHD

短所

「集中力がなく何事も中途半端になりがち」

「何事も中途半端」のマイナス要素

- 物をよくなくしたり、忘れ物も多い
- お片づけがうまくない（できない）
- 興味のない授業には集中できず、成績も今ひとつ
- 日常の生活習慣が身につきにくい

など

長所

「アイデア豊かで発想力に富んでいる」

特性をプラス要素に変えるポイント

POINT1 質の高い“インプット”の機会をつくる

ADHDの子どもは、次々と考えが移り変わっていくので、物事を連想する能力には長けています。考えがどんどん広がる中から、さまざまなアイデアがわいてきます。それにはアイデアの素となるインプットが必要です。本を読んだり、何もない場所で遊ばせてみるなど、さまざまな経験をさせてあげましょう。

POINT2 考えやアイデアの“アウトプット”を支援しよう

いいアイデアや発想が頭の中にわいてきても、それを表現する機会がなければ役に立ちません。たとえば、熱心に本を読んでいたらあとで感想を聞いたり、テレビアニメを見たら一番印象に残ったところを絵に描かせたりするなど、発表する機会をつくってみましょう。

POINT3 集中しやすい環境づくりも大切

ADHDの子どもは、ふつうなら気にも留めないような話し声や外から聞こえる音などが気になって、集中できない場合があります。子どもの集中力を妨げないような室内環境づくりも大切です。

ADHDの長所 4

行動的でエネルギッシュ

「多動性」の特性から、じっとしているのが苦手なADHDの子ども。しかし、気になるものを見つけ、そこに向かっていく行動力は、ふつうの子には真似できない長所にもなります。

ADHD

短所

[じっとしていることが苦手]

「じっとしていることが苦手」のマイナス要素

- じっくりと一つのことに取り組むのがむずかしい
- 授業中でも席を離れてウロウロしてしまう
- 初めていく場所では興奮してはしゃぐ
- 手や足を動かしてそわそわしている
- 静かな場所でも物音をたてたりする

など

長所

［気になることには行動的でエネルギッシュ］

特性をプラス要素に変えるポイント

POINT1
落ち着きのなさはだれでも持っている

　初めての場所に行くと興奮してはしゃいだり、読書や勉強に集中できず別のことを始めてしまうといったことは、子どもならだれにも多かれ少なかれ見られる傾向です。ADHDの子どもはそれが少し顕著に見られますが、じっとしていなければならない場所以外では、できるだけ大目に見てあげることも大切です。

POINT2
力を発揮できる環境を整える

　つねに新しい発見を求めるエネルギッシュな行動力や旺盛なチャレンジ精神は、ADHDの子ども特有の個性といえます。毎回変化のある料理を手伝わせたり、インターネットの情報に触れさせてみるなど、個性を生かせる環境を整えてあげると、力を発揮する場合があります。

POINT3
リーダーを任せてみる

「じっとしていない」というとマイナスイメージですが、「自分の考えで突き進む」ととらえれば、リーダーに向いているともいえます。子どもをリーダーに任命し、親は補佐役に回って、何かをさせてみるのも方法です。

ADHDの長所5

社交性やコミュニケーション力がある

人づき合いにおいては、しゃべり過ぎていやがられる場面の多いADHDですが、どんな人に対しても積極的に話しかける社交性は、今の時代において大きな強みです。

ADHD

短所

「しゃべり過ぎる・話が止まらない」

「しゃべり過ぎる」のマイナス要素

- ●知らない人でも話しかける
- ●友達同士の会話で一方的にしゃべり続ける
- ●深く考えずに発言する
- ●つい、しゃべり過ぎて余計なことを言ったりしがち

など

長所

社交性やコミュニケーション力がある

特性をプラス要素に変えるポイント

POINT1

コミュニケーション能力を訓練する

場の空気を読まずに一人でしゃべり続けたり、余計なことを言ったりするのはマイナス要素です。しかし、言ってはいけないこと、言ってはいけない状況や場所などをしっかり教えて、うまくコントロールできるように訓練すれば、優れたコミュニケーション力を発揮します。

POINT2

人と積極的に話せるところをほめる

初対面の人、具合の悪そうな人、外国人、高齢者など、多くの人が話しかけるのに気後れしてしまう相手でも、すぐに話しかけられるのもADHDのいいところです。たとえば、まちで具合の悪そうな人に声をかけたり、外国人にも笑顔で対応するなどできたら、思い切りほめてあげましょう。

POINT3

人の集まるような場所に連れていってみる

ADHDの子どもは、おもしろい話題を提供したり、場を盛り上げるムードメーカー的な素質を持っている場合が多いものです。そこでお祭りや地域イベントなど人の集まる場所に連れて行ってみましょう。持ち前の行動力や社交性が発揮できるかもしれません。

ADHDの長所 6

頭の回転が速い

ADHDの衝動性が〝スピード〟に発揮され、いろいろな考えを巡らせたり、早口で話すなどの特徴となって表れる場合があります。

短所

ADHD

「衝動的な言動や行動をとる」

「衝動的な言動や行動をとる」のマイナス要素

- ●友達同士の会話に割って入る
- ●先生の質問が終わる前に答えを言う
- ●当てられていないのに答えを言う
- ●場の空気を読まずに頭にひらめいたことをそのまま口にする
- ●状況に関係なく思いついた行動をとる

など

長所

［頭の回転が速い］

特性をプラス要素に変えるポイント

POINT1 子どもの話をよく聞いてみる

子どもが何か聞いてほしいと親に話しかけてくるとき、相手の目を見ながらじっくり聞いてあげることも大切です。今どんなことを思っているのか、何をきっかけに話そうと思ったのかなど、子どもの考えを伺い知ることができます。

POINT2 早口になっているかどうかをチェック

ADHDの子どもには、早口で話す子が少なくありません。早口で話すようなときは、持ち前の好奇心でいろいろなものに目を向け、頭の中にさまざまな思いや伝えたいことがいっぱい詰まっているととらえることもできます。

POINT3 スピードコントロールも必要

頭の中で考えるテーマが多いことが、頭の回転の速さにつながっているともいえます。しかし、つねにフル回転していてはオーバーヒートしてしまいます。ときにはその速さを制御するために、深呼吸をするクセをつけたり、ゆったりした時間を過ごさせるなど、リラクゼーションを心がけることも大切です。

ADHDの

長所 7

感受性が強く創造力を発揮する

ADHDの子どもは敏感さを持っていることが多く、さまざまな物事への感受性に優れています。感受性を磨いていくと、豊富なアイデアから思わぬ創造力を発揮する可能性があります。

短所

［過敏な面を持っている］

「過敏な面を持っている」のマイナス要素

- 外からの刺激に無条件に反応してしまう
- 外からの刺激に触れると気が散って落ち着きがなくなる
- 自分から刺激を追い求める傾向がある
- 人の発した言葉や人の気持ちに敏感で傷つきやすい
- ほんのわずかな物音、温度、肌への接触などに敏感

など

長所

「感受性が強く創造力が発揮できる」

特性をプラス要素に変えるポイント

POINT1 規則正しい生活とリラックスを心がける

ADHDの子どもは、感覚の過敏さのために疲れをため込みやすい傾向があります。規則正しい生活が送れるようにサポートしてあげましょう。元気に動き回っているように見えても、電池切れを起こす前に休憩をとらせることも大切です。

POINT2 自由な発想を評価する

新しいことに目が行きやすい特性は、新しいものを生み出すことも得意である場合が多いものです。それは知識や常識など既成概念にとらわれないことも関係しています。ADHDの子どもが持つ自由な発想を認め、評価してあげましょう。

POINT3 突飛に見えることでもとにかくほめよう

子どもの言ったこと、書いたこと、つくったものなどが一見突飛に見えても、決して「変ね」「おかしい」などと一方的に評価しないようにしましょう。子どもに秘められた自由で独特の感性を認めて、何度でもほめてあげることで自身がつくようになります。

LDの長所1

記憶力を伸ばすことで弱点を克服

LDには、「読む」「聞く」「話す」「書く」「計算する」「推論する」などの能力に不具合が生じた状態をいいます。しかし、記憶力を伸ばすことで弱点を克服できる場合があります。

短所

「学習における六つの能力に障害がある」

「六つの能力に障害がある」のマイナス要素

- ●筋道を立てて話すのが苦手
- ●読み書きが苦手
- ●計算が苦手
- ●文章題の理解や長文読解が苦手
- ●結果を予測したり推測するのが苦手

など

長所

「うまくできなくても頭ではわかっていることが多い」

特性をプラス要素に変えるポイント

POINT1
特性に合わせて教材を手づくりしてみる

苦手を克服するために、できないことを繰り返しやらせるのは、かえって苦手意識を強めることになりかねません。苦手に合わせて「絵カード」「鏡文字カード」「漢字ブロックカード」などを手づくりして、本人が無理なく楽しく覚えられるように工夫してあげましょう。

POINT2
自主性を育てよう

勉強の仕方や教材など、何でも親が決めてしまうと、子ども自身が工夫して学ぼうとする意欲をそいでしまう場合があります。子どもにはできるだけ自分から何をするか考える習慣をつけさせてあげましょう。

POINT3
苦手を記憶力で補うこともできる

知的遅れがなく、会話はふつうにできるのに、文字の読み書きがうまくいかない状態を「ディスレクシア(失読症・難読症)」といいます。ディスレクシアの人は、自ら文字を覚えようとしない、本を読もうとしない場合がありますが、人に読んでもらったことを記憶することで言葉を覚え、話せるようになることがあります。

LDの

長所 2

支援ツールの活用で苦手をサポート

子どもの特性に合わせて、学習の習得をサポートする補助具やICT（情報通信技術）機器が登場しています。上手に活用することで苦手や困難を低減することができます。

短所

［学習の習得に困難がある］

「学習の習得に困難がある」のマイナス要素

- 学校での学習習得に遅れや困難がある
- 言葉がうまくでないため人とうまくコミュニケーションがとれない
- 友だちのグループに入りにくい
- 誤解を受けやすい

など

長所

［支援ツールの活用で苦手を克服できる場合がある］

特性をプラス要素に変えるポイント

POINT1
パソコン、タブレットPCなどを有効活用する

書くことが苦手な子どもでも、パソコンやタブレットＰＣを使ってキーボード入力や手描き入力をすることで、ノートをとったりテストを受けることが可能になります。また、タブレットＰＣのアプリを使って、正しい漢字の書き方などを学ぶこともできます。

POINT2
デジタル機器で「読む」をサポート

文字の拡大表示や総ふり仮名などの工夫が施されたデジタル教科書の活用で、読むことが苦手な子どもでも教科書や本で学ぶことができます。また、初めての漢字や言葉の言い回しなどを読むことができない子どもには、ペン型音声再生機などのサポートツールがあります。

POINT3
便利機器の活用で集中力を高める

苦手意識から勉強に集中できない子どもには、パソコンと大型ディスプレーを接続して、学習ソフトをディスプレーに映すことで、興味や関心を引くことも方法です。また、音に敏感で落ち着きがない子どもには、ノイズキャンセリングヘッドフォン（イヤーマフ）を使って、雑音をシャットアウトすることも有効です。

特性のある子どもの隠れた才能の見つけ方

解説

宮尾益知
どんぐり発達クリニック
院長

意外に才能は隠れていない

　特性のある子どもと接していると、できないことや失敗に目が行ってしまいがちです。しかし、どんな子どもにもいいところがあり、得意なことがあります。特性のある子どもの場合、できることとできないことがはっきりしていることが多いため、できることに着目すると思わぬ才能に気づくことがあります。

　たとえば、学習面では得意不得意がわかりやすいといえます。国語の長文を読みこなしたり、算数の文章題を理解することが苦手でも、一度読んだ内容を丸暗記できる子どももいます。

　また、コミュニケーションが苦手でも、すばらしい作文を書く子どももいます。そうした能力が必ずしも成績に反映されるわけではありませんが、ほかの子どもには真似のできない得意分野といえます。そこに注目して、その能力をもっと伸ばしてあげるためにも、やる気を育むサポートを心がけましょう。

　一方、音楽やアートの分野における才能は、やらせてみないとわかりません。そこでまずは、子どもがどんなことに興味を示すのかを確かめてみるといいでしょう。たとえば、さまざまなジャンルの音楽を聴かせたり、音の出る楽器に触れさせてみるのも方法です。興味があればすぐに反応を示します。聴くことには興味はなくても、自分で楽器を奏でることを好む場合もあります。

　アートの分野においても、単に絵を描くだけでなく、物を重ねたり、切ったり、貼ったり、編んだり、粘度をこねるなど、いろいろな体験をさせてあげましょう。独特の感性を生かして、思いもよらないものを生み出すかもしれません。

　こうしたプロセスは定型発達の子どもでも同じですが、特性のある子どもの場合は、自分の得意分野や能力を把握しているとは限らないので、親が気づいて、ある程度お膳立てしてあげることが大切です。

自己肯定感を高めることが肝心

特性のある子どもの能力を見つけ、伸ばしていけるかどうかは、まわりのサポートによるところが大きいといえます。

実は、高い学力やきらりと光る才能を持っていても、それを発揮する以前に学校に通えなくなってしまい、私のクリニックにやってくる子どもが少なくありません。特性のために、学校という決まった枠組みになじめなかったり、いじめにあったりして、学校に行きたくなくなり、自己肯定感も下がっていきます。すると、本来持っている能力や才能に気づくことができず、たとえ気づいていても「どうせ自分にはできないから……」とあきらめてしまう状況に陥ります。

そんなとき、親や支援者が「あなたにはこんないいところがあるよ」と伝えても、本人にはなかなか届きません。

この場合、そうした中で生き残る方法を見つけてあげることが先決です。方法は状況によって変わりますが、「学校に行かない」というのも選択肢の一つです。その間は支援学級やフリースクールなどに通い、勉強は塾ですればいいでしょう。そうした中で子どもが自己肯定感を取り戻し、「何とかやっていける」という手応えがつかめるようになったら、「あなたにはこんないいところがあるのだから、やってごらん」と促してみましょう。やる気を持って取り組めば成果も出やすく、さらに自己肯定感も上がってきます。

実際、現在の日本の教育システムの中では、自己肯定感を下げるような場面は決して少なくありません。それでも、子どもの「好きな何か」「得意な何か」が見つかれば、それを足がかりに能力や才能を開花させることが可能です。

column 3

特性のある女の子の対応について

女の子は、男の子と違って特性が行動面の問題として表に出にくい傾向があります。女の子は全般的に受動的で、男の子に比べて活発に動き回ることが少ないため、特性が目立ちにくいからかもしれません。そのため、幼児期は「おとなしい子」「手のかからない子」と思われる場合もあります。

しかし、幼児期を経て小学校低学年くらいになると、特性が徐々に表面化してきます。たとえば、ASDには大きく三つのタイプが見られます。知らない人にも平気で話しかける「積極奇異型」、自分からは積極的に行動をしない「受身型」、他人とのかかわりが苦手で一人を好む「孤立型」です。女の子の場合、全般的に「受身型」が多いのですが、友だち同士のつながりが密になってくる小学校中学年くらいから、コミュニケーション能力の低さゆえに人のいいなりになったり、逆に人とのかかわりを避けたりする子どもが増えてきます。それを周囲からなかなか気づいてもらえず、「生きづらさ」を感じていることが少なくありません。

また、女の子の場合、特性の一部分だけが目立ち、それ以外は目立たずに「ちょっと変わった子」と思われてしまうケースもあります。ADHDの子を例にとると、男の子は「極端に忘れ物が多い」「授業中に席を離れてウロウロする」などのわかりやすい問題行動があり、気づきやすいのに対して、女の子の場合は「極端に忘れ物が多い」「おしゃべり」といった特性の一部だけが目立ち、ADHDと気づかれないまま成長することもあります。

しかし、特性は思春期になるころにははっきり見て取れるようになってきます。それから対応するにも、すでに本人は生きづらさの中で自信を失っていたり、劣等感を抱いている場合があります。それだけに周囲が早めに気づいて、適切なサポートをすることが重要なのです。

第4章

〝小さな〟得意や才能を伸ばす家庭での対応とサポート

特性のある子どもを持つ親は、ついほかの子どもと同じように〝普通のこと〟ができることを求めてしまいがちです。しかし、特性の有無に関わらず、子どもの個性は千差万別。子どもの小さな〝得意〟や〝好き〟を伸ばして、社会で楽しく生きるために、家庭でできることがあります。

家庭でのしつけの注意点は

特性のある子どもの健やかな成長を促すには、家庭でのサポートが不可欠です。そこでまずは、家庭でのしつけにおける留意点について押さえておきましょう。

◆子どもの特性に合った
◆方法を見つけよう

子どもが健やかに成長し、将来、人や社会と関わりながら生活できるようにするためには、家庭でのしつけが重要になります。しかし、特性のある子どもに対しては、思うようにいかないことが多いものです。同じ発達障害の子どもであっても、特性は一人ひとり異なります。子どもそれぞれの性格や傾向、好みなどを踏まえた上で、子どもに合ったしつけを行いましょう。

たとえば、言葉を理解することが苦手なＡＳＤの子どもに、基本的な生活習慣を身につけさせたいときは、文字や絵カードなどを使って視覚的に教えるのが有効です。食事のたびに「『いただきます』と言うんだよ」と伝えても、なかなか言えなかった子どもが、「いただきますカード」を見せることで言えるようになることがあります。また、入浴の手順を教えたいときは、浴室の壁に「カゴに服を入れる」→「入る前にお湯で体を洗う」→「湯船に入ったら50数える」などと書いたイラスト付きの紙を貼っておくと、言葉でいうよりずっと早く理解するようになります。

ＡＤＨＤの子どもは、不注意という特性から片づけが苦手で、おもちゃを出したら出しっぱなし、服を脱いだら脱ぎっぱなしになりがちです。そのたびに「片づけなさい！」と声を張り上げても、効果はその場限りで、また同じことを繰り返しがちです。このタイプには、子どもの注意を引いてからわかりやすく伝えると理解しやすくなります。

しつけは根気のいる作業です。同じことを何度も繰り返し教えていくことになる場合が少なくありません。無理にさせることばかりに気を取られず、気長にコツコツと続ける心構えを持つことが必要です。

スムーズなしつけのポイント

POINT 1

指示は、わかりやすい言葉で具体的に

特性のある子どもには、短くわかりやすい言葉で指示を出すことが有効です。「手を洗ってからおやつを食べなさい」ではなく、「手を洗おうね」「おやつを食べていいよ」というように、一文一文をはっきり伝えるのがコツです。

POINT 2

生活習慣は、一つずつ教える

トイレの入り方、お風呂の入り方、朝の準備の仕方など、順を追って一つずつ丁寧に教えてあげましょう。手順は細かいステップに分けると効果的です。

POINT 3

一日のスケジュール表をつくる

ASDの子どもは時間の概念が乏しく、ADHDの子どもは不注意から忘れっぽいところがあります。そこで自分が次にやることがわかるように、一日のスケジュール表をつくって、目につく場所に貼っておくのも方法です。朝のスケジュール、学校から帰ってきた後のスケジュールなど、分けてつくってもいいでしょう。一日のスケジュールの理解が進んだら、一週間、一カ月のスケジュール表へと書きかえていきます。

POINT 4

暴言や体罰は、NG

しつけが思うように進まないからといって、「ばかな子ね」などと暴言を浴びせたり、たたいて言うことをきかせようとするのはやめましょう。一時的に効果はあっても、長い目で見ると親を恨む感情が芽生えたり、心に傷を負ったりする可能性があります。

家の手伝いを通して得意なことを見つける

簡単なお手伝いをさせながら言葉かけをしましょう。親と一緒に作業をすることで、できることが増えたり、興味が広がったり、トラブルの軽減などにつながります。

◆◆お手伝いは成長・発達を促す

「お手伝い」をすることは、子どもの意欲を育み、社会性を伸ばすきっかけになります。子どもは、自分のとった行動がだれかの役に立ったり、感謝されていることを実感することで、自分に自信が持てるようになります。

また、お手伝いをするときは、互いに声をかけ合いながら行うので、コミュニケーションにもなります。上手にできたら「うまくできたね」「えらいね」とほめたり、上手にできなくても「手伝ってくれて助かったよ」とねぎらうことで、子どもは満足感や達成感を得ることができ、「もっとやりたい」という意欲にもつながります。まずは「お片づけ」などできそうなところから、積極的にお手伝いに参加させましょう。

◆◆一つひとつ声に出して確認しよう

お片づけをするときは、一つひとつの作業を声に出しながら行うのがポイントです。たとえば、おもちゃをおもちゃ箱にしまう際には、「車はここ」「絵本は立てて」などと声をかけて、一緒に行いましょう。

中には、自分なりのしまい方にこだわりがあり、おもちゃを一列に並べたり、本を並べる順番が決まっている子どももいます。逆に、声をかけてもおもちゃを一緒くたに詰め込んでしまう子どももいます。なかなか片づけが進まない場合もあります。

そんなとき、「こんなしまい方じゃダメだよ」「早く箱にしまいなさい！」などと叱ったり、本人のやり方を否定すると、パニックを起こしたり、お手伝いが苦痛なものになってしまうおそれがあります。この場合、「それじゃあ、どこまで並べられるか競争しようか」などと声かけをして、子どもの行動を認めてあげましょう。

　また、片づけが最後までできなくてもOKとします。ある程度までやったらキリをつけて、「今日はここまでね」「よくできたね」とほめてあげましょう。

◆◆ 一緒に〝何かをつくる〟のもおすすめ

　子どもと一緒に料理をつくるのもおすすめの方法です。料理は子どもの興味を引きやすく、特にお手伝いしたくなる仕事の一つです。子どもは料理に関わることで、段取りや親のすることを真似する力、だれかと共同作業をするという体験を通じて、社会性が高まることが期待できます。

　もちろん、最初から刃物を持たせたり、火を使わせる必要はありません。冷蔵庫から野菜を出したり、卵を割ったりするなど、簡単なことから始めましょう。上手にできたらほめてあげて、うまくできなかったときは「次はこうしてごらん」とアドバイスすることが、自信や意欲につながります。

　また、子どもの興味に応じて一緒に絵を描いたり、粘土をこねて造形するなど、創作を行うのも新たな発見につながるかもしれません。猫が好きな子どもが、猫を驚くほど上手に描くケースもあります。最初は嫌がっていても、あきらめずにさまざまなことにチャレンジする機会を演出し、根気よく指導するうちに、子どもが持っている思わぬ〝得意〟を見つける可能性があります。

「きょうだい」の存在が成長をサポートする

特性のある子どもが成長・発達していくには、両親のかかわりはもちろんのこと、きょうだいのサポートも大きな意味を持ちます。

◆きょうだいは、◆我慢させられることも多い

特性のある子どもの成長を促し、得意を見つけて伸ばす上で、きょうだい（きょうだい児）のかかわりも重要です。ところが、特性のある子どもがきょうだい児の大事なものを壊したり、いじめたり、無視したりする場合があります。また、きょうだい児は、友だちなどから特性のあるきょうだいがいることをからかわれたり、いじめられたりするなどつらい思いをする場合があり、きょうだい関係がギクシャクすることがあります。

きょうだい関係がギクシャクしているとき、親はどうしても特性のある子どもの肩を持ち、他のきょうだい児が我慢させられることが多くなりがちです。きょうだい児からすれば、それはおもしろいことではなく、ますますきょうだい関係がこじれて、距離をとるようになることがあります。そうなると関係を修復することは容易ではありません。

家族の一員としてきょうだい児にも特性のあるきょうだいを支え、見守る心を育んでほしいものです。それには、親が子どもたち全員に「みんな大好きだよ」「同じように愛し

ているよ」という気持ちをしっかりと伝え、態度で示すことが大切です。そして折に触れて家族全員がおしゃべりを楽しんだりする時間を設け、親の愛情が感じられるように配慮しましょう。

子どもたちはやがて成長し、きょうだいの特性について理解できるようになっていきます。困ったときには相談にのれるような関係になるように、家族に共通の理解を促していきましょう。

◆◆◆ きょうだい児との いい関係は 成長を後押しする

家族の間で共通の理解ができると、積極的にまわりとのつなぎ役となったり、友だちとのトラブルを防ぐことにもつながります。そうして人間関係を学びながら、成長することができます。

ただ一方で、きょうだい児が世話係となって過剰な責任を背負い込んでしまうおそれもあります。きょうだい児にはきょうだい児の人生があり、自分を犠牲にしてまで世話を担うことはありません。

親はどうしても特性のある子どもに目が向いてしまい、きょうだい児には何かをしてもらうことを期待してしまいがちです。しかし、きょうだい児からすれば、自分ももっと親から見てもらいたいと思っています。親はそこに気づいて、きょうだい児が楽しく豊かな毎日を送れるように配慮しましょう。きょうだい児の満足度は、特性のある子どもへの接し方やサポートにもいい影響を与えます。

きょうだい支援プログラムに参加しよう

全国の支援機関が実施するサポートプログラムの中には、きょうだい児の支援をテーマにしたものがあります。そうした支援プログラムに参加すると、同じような悩みを持つ人がたくさんいることがわかり、さまざまな体験談とともに特性のある子どもをふくめた子どもたちへの接し方のヒントを知ることができます。

お父さんにほめてもらうと自信がつく

特性のある子どもができることを伸ばしていく上で、父親の役割は大きいものです。まずは夫婦で勉強会などに参加して、子どもをサポートしていくスキルを学びましょう。

◆夫婦の連携が ◆欠かせない

特性のある子どもが困難を乗り越え、能力を発揮できるようになるには、まず夫婦が同じ目標に向かって足並みをそろえていくことが大切です。そのためにも子どもに関するさまざまな情報を、夫婦で共有するようにしましょう。

たとえば、お母さんが子どもの言動や行動で気になることがあったら、それをできるだけ具体的にお父さんに報告するようにします。お父さんはそれを頭に置きながら、子どもの様子に注意を傾けるようにしましょう。夫婦が子どもの気になる言動や行動をともに把握し、どう対処するかを考えておくことが、子どもをサポートする一歩になります。

とはいえ、お父さんのなかには子育てにあまり積極的でない人もいます。子どもの発達相談を行っている児童相談所などには、「夫が子育てに協力的ではない」「子どもをあまりかわいがらない」といった悩みが寄せられることがあります。全国には発達障害の子どもと積極的に関わり、育てているお父さんがいる一方で、子育ては母親の仕事と考えている人がいるのも現実です。

しかし、特性のある子どもの成長を支援し、秘めた能力を発揮させるには、お母さん一人では負担が大きすぎます。そこで、夫婦で子育てにおける役割分担を話し合ってみましょう。子育てに積極的でないお父さんでも関われる役割が必ずあるはずです。

日ごろ接する時間が長いお母さんの言うことには耳を貸さない子どもでも、お父さんがかける言葉は素直に聞く子どももいます。お母さんとはまた違った形で、「ここぞ」というときにお父さんにほめられたら、それが子どもの自信につながる可能性は高いといえます。

◆◆ サポートプログラムでノウハウを学ぼう

親が子育てのさまざまな問題に対処することに疲れ、自信を失っている場合もあります。この場合、親自身が現状を冷静にとらえ、これからの子育てに希望が持てるようになることが先決です。

そのためのサポートプログラムの一つが、「ペアレント・トレーニング」です。ペアレント・トレーニングは、発達障害のある子どもの子育てに取り組む親が、その役割を積極的に引き受けていけるように開発されたプログラムです。おもに子どもの「好ましい行動」を増やし、「好ましくない行動」を減らすかかわり方のスキルを身につける内容になっていて、そのための効果的な指示の出し方、ほめ方などを学ぶことができます。

また、療育施設の中には、家族で相談や指導が受けられるプログラムを設けているところもあります。全国にある発達障害者支援センターでは、特性についての理解を深めたり、子育ての方法を学べる勉強会を開催しています。発達障害の子どもを持つ「親の会」なども全国各地にあり、活発な活動を展開しています。そうした場に家族で参加してみると、役に立つ情報や体験談などが聞けるなど、気持ちを切り替えるいい機会になります。

子育てについての具体的なノウハウが身につくと、ふだんは子どもとかかわる時間が少ない父親でも、自信が持てるようになってきます。さまざまなサービスを活用しながら、子どもをどんどんほめて、いいところを伸ばしてあげましょう。

子どもを伸ばす、ほめ方のコツ❶

特性のある子どもは、ほかの子どもができることがうまくできないなど、劣等感を持ってしまいがちです。上手な言葉かけで、自信を持たせてあげましょう。

◆ほめられることで落ち着いてくる

特性のある子どもは、がんばっていてもほかの子どもと同じようにできないことがたくさんあります。本人もそれを感じており、自信を育んでいくことがむずかしいものです。そこで小さなことでも「できた」を見つけてほめてあげましょう。だれでもほめられればうれしいものです。とくに、今までできなかったことができるようになったときは、思い切りほめてあげてください。それを通じて、自分のことを見てくれている人がいるという安心感や、自己肯定感を得ることができます。

自己肯定感は、「自分は生きている価値がある」「自分は必要とされている」など、自分を肯定する気持ちをいいます。家族や周囲の人からほめられることで、自己肯定感が高まってくると、気になる行動が少しずつ減り、落ち着いてきます。

ほめ方のコツ❶ すぐその場でほめる

ほめるときは、できたその場ですぐにほめることが大事です。特性のある子どもは、時間の概念や「それ」「あれ」「あのとき」など代名詞が理解できない場合がよくあります。そのため、時間がたってからほめても、何をほめられたのかわからず、混乱してしまう場合があります。

また、ほめられたことがうれしくて何度も同じ行動を繰り返す場合があります。そのようなときも無視したり、「もういいから！」などと言わずに、何度でもほめてあげてください。

ほめ方のコツ❷ ほめられたことがわかるようにほめる

ほめられたことが伝わるようにほめましょう。当たり前のようですが、特性のある子どもには、うまく伝わっていない場合があります。そこでできるだけ近くに行き、名前を呼ぶなど注意を引いて、視線を合わせながら笑顔でほめるようにしましょう。

ときには、頭をなでてあげたり、握手をしながらほめるのも有効ですが、特性によっては身体的な接触をいやがる子どももいます。その場合はシンプルな言葉でほめる、笑顔でうなずくなど工夫してみましょう。

ほめ方のコツ❸ 小さな成果を見逃さない

「机で15分本が読めた」「一桁の足し算ができた」など、ふつうの子どもがなんなくできることでも、特性のある子どもにすれば大きな壁を乗り越えた瞬間といえます。どんなに小さな成果でも、できなかったことができるようになったときは、見逃さずにほめてあげましょう。一つの成果が出たら、「今度は20分座って本を読もう」「引き算もやってみよう」など、次の目標が立てやすくなります。

ほめ方のコツ❹ 言葉や態度でほめていることを表現する

特性によっては、言葉で伝えた方がわかりやすい場合と、表情や態度で示した方が理解しやすい場合があります。ほめられたときの子どもの反応を見ながら、子どもが理解しやすい方法でほめてあげることもポイントです。

また、いつもとは声のトーンを変えて高くしたり、両手で大きな丸をつくりながらほめるなど、少し大げさな表現を使うのも効果的です。

子どもを伸ばす、ほめ方のコツ❷

「ほめること＝甘やかすこと」ではありません。だれでもほめられればうれしいもの。適切にほめることが子どもの意欲を高め、得意を伸ばす原動力になります。

◆◆ほめて、認めて、伸ばす

「子どもをほめてあげましょう」というと、抵抗感を持つ人が少なからずいます。日本人はほめたり、ほめられたりすることに慣れていない人が多く、「ほめてばかりいると、子どもを甘やかすことになるのでは？」と感じる親もいるかもしれません。もちろん、ほめることと甘やかすことは違います。甘やかすとは、子どものわがままを許してしまうことです。特性があるからといって、すべてのわがままを許容していると、将来の自立や自活がむずかしくなってしまいます。

ほめるとは、どんなに小さなことでも、子どもが一つの壁を乗り越えたことを認める行為です。ほめることで子どもを認めれば、本人にも達成感や自信がわいてきます。それをお母さんだけでなく、お父さんやきょうだいも一緒にほめてあげれば、自己肯定感も高まります。

ほめ方のコツ❺ 毎日ほめてあげる

特性のある子どもは、規則やルールを理解することが苦手です。「規則だから守る」「目標を決めてがんばる」ということを、なかなか理解できません。しかし、毎日折に触れてほめてあげることで、やる気を引き出すことができます。

たとえば、朝起きてトイレができ

た、嫌いなものが少し食べられた、学校に行く準備ができた……など、小さながんばりや進歩が見受けられたら、そのたびに何度でもほめてあげましょう。

ほめ方のコツ❻ 得意分野を見つけてほめる

机の前にじっと座っていることが苦手でも、外で遊ぶことが大好きなら、元気があることをほめてあげましょう。計算問題が苦手でも、世界の国旗を暗記しているなら、「全部覚えていてすごいね」と声をかけてあげましょう。

特性のある子どもは、「できること」と「できないこと」がはっきり分かれることが多く、できないことは、本人の努力ではどうにもならない場合があります。そこでできることや得意なことに目を向け、ほめて認めることで、子どもは自信を持てるようになっていきます。

ほめ方のコツ❼ がんばっていることをほめる

子どもが何かに取り組んでいるとき、それらの結果が出るのを待たずに声をかけてあげるのもいいことです。結果で評価されるのではなく、結果に向けてのがんばりも評価されることを子どもに伝えるためです。

たとえ、その結果がうまくいかなかったとしても、「すごくがんばっていたね」とほめてあげて、子どもに「次もがんばってみよう」という気持ちにさせることが大切です。

ほめ方のコツ❽ ほめるところを見つけ出そう

他人のアラや失敗を探すのは比較的簡単ですが、よいところや優れている点を見つけるのは意外にむずかしいものです。しかし、物事は見方を変えると、また違ったものが見えてきます。

たとえば、子どもが学校で先生に叱られてしょんぼりしていたら、自分の失敗を理解し、反省できているということです。失敗よりも反省できていることに目を向けて、そこをほめてあげましょう。

子どもが伸びる、叱り方のコツ

特性があるからとわがままを容認したり、放任したりするのは子どもの成長のためにもよくありません。ときには上手に叱ることも、子どもを伸ばす上では必要です。

◆簡潔&具体的に叱るのがポイント◆

特性のある子どもの場合、どうしても叱られる場面が多くなりがちです。親としても、子どもを叱ってばかりいる自分に嫌気がさしてくることもあるでしょう。しかし、子育てにおいては、きちんと叱ることも必要です。

そこでまず心に留めておきたいのは、叱る回数を減らすことです。子どもは親が「怒っている」ことを理解できるので、叱ってばかりいると「また叱られるかも……」とビクビクしてしまいます。

また、大きな声でまくし立てたり、命令口調で叱るのも逆効果です。特性によっては音の感じ方が敏感な場合があり、驚いてパニックを起こしてしまう場合があります。長いお説教やわかりにくい言い回しも、子どもには理解できない可能性があります。

子どもを叱るときは、感情的にならないことを心がけます。その上で、とにかくわかりやすい言葉で、簡潔に、具体的に言うようにするのがポイントです。子どもは親の言うことが理解できれば、「どうすればいいか」を徐々に学んでいきます。

叱り方のコツ①

「ダメ！」という言葉は使わない

特性の有無に関わらず、「ダメよ！」と叱られてばかりいたら嫌になってしまいます。特性のある子どもは、「ダメ」「違う」「やめなさい」などの否定的な言葉に敏感な場合があり、怖がってしまうおそれもあります。

もし、やってはいけないことをやめさせたいなら、言い方を工夫してみましょう。たとえば、「部屋の中で走ったらダメ」ではなく、「部屋の中はゆっくり歩こう」というように、どんな行動をとったらいいかを具体的に示すと理解するのに役立ちます。

叱り方のコツ② 短い言葉で具体的に

子ども全般にいえることですが、長いお説教はあまり効果がありません。特に特性のある子どもの中には、長い話が聞き取れなかったり、抽象的な言い回しが理解できない場合があります。

また、できるだけ短くシンプルな言葉を使うことも大切です。「いつまでテレビを見ているの!? いい加減にしなさい！」と叱るより、「8時になったからテレビはおしまい」というように具体的に指示すると伝わりやすくなります。

叱り方のコツ③ 代名詞や抽象的な言葉は使わない

ＡＳＤの子どもは、「お兄ちゃんでしょ！」「きちんとしなさい！」「早く起きて」といった代名詞や抽象的な言葉が理解できない場合があります。特性によって言葉の裏に隠された意味を推測することも苦手です。

この場合、「きちんと」するのは何か、「早く」とは何時かをはっきり伝えることが大切。「ハンカチを忘れないで」「6時30分には起きなさい」など具体的に指示を出すように工夫しましょう。

叱り方のコツ④ その場ですぐに叱る

外出先で子どもが騒いだとき、その場では叱らずに、帰宅してから「なぜ、あのとき騒いだの！」と叱る場合があります。また、何かの拍子に以前の子どもの失敗を思い出し、叱りたくなることもあるでしょう。

しかし、時間がたってから注意しても、あまり効果はありません。何か問題が起きたら、その場で叱るのが基本です。その際、「静かにしようね。あと30分で帰るから」と具体的に伝えると、子どもは納得しやすくなります。

やってはいけない、叱り方

特性があることで、できることとできないことがあります。できないことは本人の努力不足ではありません。それを理解して、叱る際には感情的にならないことが大切です。

「できない」を「できる」にするために叱るのではない

計算ができない、机の前にじっと座っていることができない、忘れ物がなくならないなど、特性のある子どもは、ふつうの子どもが簡単にできることが、なかなかできない場合があります。このようなとき親はついイライラして、「何度言ったらできるの！」「○○ちゃんはできたのに、あなたはどうしてできないの？」などと叱ってしまいがちです。

しかし、特性のためにできないことがあります。努力しても解決できないことでいつも叱られていては、子どもはやる気や自信を失ってしまいます。

とくにＡＤＨＤの子どもの場合、不注意や衝動性などの特性から、何度も同じ失敗を繰り返しがちです。そのたびに叱られ続けて、いつしか「何をやってもうまくできない」「自分はダメな人間」などと劣等感を抱くようになるおそれがあります。これでは子どものいいところや得意なことまでつぶしてしまいかねません。

まずは、子どもの「できないこと」を理解して、叱るのはできるようにするためではなく、やってはいけないことをやめさせる方法だと心に留めておきましょう。

叱り方のコツ⑤ 繰り返し何度も叱らない

ＡＤＨＤの子どもは、特性のために同じような場面で同じような失敗を繰り返しがちです。その都度叱っていては、子どもの意欲をそいでしまうおそれがあります。

特性を理解した上で、多少のことはなるべく大目に見て、注意する回数を減らしましょう。叱るときは「ここぞ！」というタイミングを選び、「15分宿題をやったらおやつにしよう」「お片づけができたらテレビを見ていいよ」と、小さな目標を提示して具体的に指示した方が、子どもはやる気になります。

叱り方のコツ⑥ 感情的に叱らない

子どもが同じようなことで繰り返し失敗したり、何度言っても従わないとき、親としてはイライラしたり、悲しくなったりすることもあるでしょう。しかし、つい感情的になって「ばかな子」「ダメな子」「あなたにはうんざり」などと口にしてはいけません。

子どもは親の感情に敏感です。親が怒ったり、悲しんでいるのは自分が悪いからだと思い込んでしまいます。それが続くと子どもは不安定になり、うつ状態に陥る場合もあります。親は自分の感情を自分の中で処理するか、別の機会や場所で解消するようにしましょう。

叱り方のコツ⑦ 体罰は絶対にNG

何度叱っても子どもに改善が見られない場合、「口で言ってもダメなら……」と、つい手が出てしまうことがあります。それでおとなしくなるなど、一時的に効果があったように感じるかもしれませんが、長い目で見れば子どもの成長にとってマイナスです。

体罰を行うことによって、親とのきずな、大人に対する信頼感や安心感、まわりにいる人たちを好きでいる気持ち、伸び伸びとした心など、子どもの中にある大切なものを壊してしまいます。また、体罰によって子どもの中に親に対する怒りや憎しみが芽生えたり、逆にビクビクおびえたりすることもあります。「体罰は百害あって一利なし」と心に留めておくことが大切です。

column 4

家族みんなでサポートする

発達障害の子どもの中にある小さな“好き”や“得意なこと”を見つけて、それを伸ばしてあげるには、家族全員が連携してサポートすることが欠かせません。

ところが現実には、子育てのほとんどをお母さんが担っているケースが少なくありません。するとお母さんにばかり負担が集中してしまいます。子育てが思うようにいかないと、不安やイライラ、自己嫌悪などに陥ってしまう可能性があります。そのような状態では、子どものいいところを伸ばすどころか、成長を見守ることさえも困難といえるでしょう。家族を一つの機能としてとらえ、負担をうまく分散させ、全員で取り組んだ方が機能は安定します。

その手始めとして、特性のある子どもが過ごしやすいように、生活環境を整えましょう。ASDの子どもにはきめ細やかなスケジュール表を用意したり、不注意なADHDの子どもには持ち物チェック表をつくるなど、特性に応じて工夫します。それを目立つところに張っておいて、家族全員で声かけするというのもいいシステムです。

また、日常会話においては、特性のある子どもが理解しやすいように、「あれ」「それ」「ちょっと」といったような代名詞や形容詞を使うのを避け、「お皿を並べて」「7時にお風呂に入ろう」など物の名称や時間、場所、数量などを具体的に言うクセを全員で共有しておくといいでしょう。

これらは家族全員が協力できるサポートです。特性のある子どもにとって居心地のいい環境ができ、家族間のコミュニケーションがスムーズになれば、とくにだれか一人ががんばらなくても、子どもは安定して成長することができます。

そして、家族全員によるサポートがうまく機能したら、互いにほめたり、ねぎらったりすることが大切です。

第5章

才能や得意なことを伸ばす進学の準備とは

発達障害の子どもの進路を考える際、将来の自立や自活を目指すかどうかが一つのポイントですが、その際に本人の〝好き〟や〝得意〟を考慮することも重要です。本人の得意が活かせる進路選びをするためにも、できるだけ早い段階から準備を進めておきましょう。

子どもの特性と気持ちを尊重して準備する

子どもの進路は、本人の特性や適性、得意分野を考慮して、保護者が担任の先生と話し合うことが基本になります。子どもの気持ちをできるだけ尊重すると、本人の意欲も変わってきます。

◆「子どもの気持ちを尊重」と「放任」は違う

進路をどうするかという問題は、特性の有無に関係なくすべての子どもにとって大きなテーマです。ただ、特性のある子どもにとっては、将来の自立や自活にも直結するだけに、慎重に進めることが大切です。

特性のある子どもは、自分の能力や適性を客観的に判断することがむずかしい場合があります。そのため進路を考える際も、現実離れしていたり、こだわりの強さから自分の能力や適性に合わない進路に執着することもあります。

例をあげると、建物の色が好きだからという理由で学校を選んだり、計算が苦手なのに商業系の学科に進みたいと言ったり、あるいは、小さいころからテレビの「変身もの」が好きだったから、自分もアクションスターになりたいと言い出したり

……。子どもの気持ちを尊重するといっても、これでは周囲を困惑させてしまいます。

本人の希望だからと得意分野ではない進路を選択すると、結局後悔することになってしまいます。本人の希望を確認し、適性や得意分野を客観的に判断した上で、現実的な進路を提示し、本人が納得できることが重要です。本人が納得すれば意欲にもつながります。その進路に向かって、家族は支援体制をとってあげましょう。

◆◆ 子どもの状態を正確に把握しよう

また、進路を決める上で欠かせないのが、子どもの特性との相性です。特性のある子どもは、本人の努力だけでは乗り越えられないことがあります。

そこで進路を決める前に、あらためて子どもの「得意なこと」「苦手なこと」、「できること」「できないこと」などを整理し、現在の子どもの状態を把握しておきましょう。家庭における「できること・できないこと」、学校における「得意なこと・苦手なこと」を学校の先生と話し合い、支援者などのアドバイスも参考にして、早い段階から時間をかけて準備を進めることが大切です。

得意なことを活かせる「進路スケジュール」をつくろう

子どもの進路をどう考えていくのか、目で見て確認できるように「進路スケジュール」をつくってみましょう。具体的な行動に移しやすくなります。

13〜15歳
中学校

- 通常学級
- 通級
- 特別支援学級
- 特別支援学校

中学２年生になったら準備を始めよう

中学卒業後の進路の選択肢は、「高校」「専門学校」「就職」などがあります。本人の状態、特性や適性、得意分野や希望などを考慮して決めていきます。

16～18歳 高校

- 全日制の一般校
- 普通科
- 工業高校
- 商業高校
- その他の実業高校
- 特別支援学校の高等部
- 高等特別支援学校
- 通信制・定時制・フリースクールなど

19歳～ 高校卒業後

- 専門学校
- 大学
- 就職

就職に必要な技術や社会的スキルを身につける

高校卒業後は、大学や専門学校に進学するか、就職するかに大きく分かれます。進学を希望する場合、障害があることを申告すれば、入学試験や授業などで特性に対する配慮が受けられます。就職する場合は、就労支援制度や福祉制度を利用して、適性や得意分野に沿った仕事に就くこともできます。

自立・自活へ

中学・高校など進学先の情報の集め方

小学校を卒業すると、進路の選択肢が広がります。子どもの特性や適性などを考慮して、進路選択の準備は早めにスタートし、早めに行動を開始しましょう。

進路選択は時間をかけて

発達障害のある子どもの場合、ほかの子どもと比べて進路の決定までに時間がかかる傾向があります。というのは、本人が意思決定するまでに時間がかかる場合が多いことが一つ。

また、子どもは思春期になると特性の現れ方が変わってくる場合があるため、そのときの特性の状態を見極めながら進路を決めていく必要があるからです。

中学を受験する場合は、十分に時間をかけて情報を収集し、子どもと一緒に学校に足を運ぶなどして、子どもの特性に合っているかどうかを検討しましょう。

高校に進学するときは、中学2年の夏休み後を目安に、学校とも連携して、子どもの得意分野、興味がある分野、学力などを把握することから始めましょう。進路選択を早めに開始することで、準備期間も長く、しっかりと検討することができます。

高校進学を決めた場合の流れ

STEP - 1

進学先を検討する（情報収集）

- 中学の担任の先生に相談する
- 学校案内書、ホームページ、受験ガイドなどで確認
- 高校の説明会
- 公開授業
- 先輩などからも情報収集

STEP - 2

進学先を絞る

- 実際に進学候補の高校を見に行く
- 学校の所在地、通学経路、在校生や学校の雰囲気などを実際に確かめてみる

STEP - 3

進学先を決定する

- 進学先の先生に受験について、特性への配慮などを確認する
- 高校の支援体制などを直接確認する
- 高校卒業後の進路などの情報も収集する

私立の中高一貫校という選択肢もある

中学進学にあたっては、公立ではなく私立の中高一貫校に行くという考え方もあります。私立高の場合、公立校とは違う独自の教育理念を持っていたり、男子校や女子高などさまざまな特色を持っています。中には発達障害の子どもの教育に理解があり、独自の教育や支援体制をとっている学校も存在します。選択肢の一つとして検討してみる価値はあります。

子どもの進路面談で確認しておきたいこと

進路面談は、担任の先生と保護者が一緒に子どもの将来を考える貴重な機会です。話し合いの場で確認しておきたいことがあります。

◆面談などに出席して先生と信頼関係を築く

義務教育は中学校までなので、中学校では卒業後の進路相談が行われます。子どもの将来のためにも、保護者向けに行われる進路相談には積極的に出席しましょう。

中学では、それ以外にも保護者を交えたさまざまな面談の機会が設けられています。その機会を利用してこまめに学校に顔を出し、先生とのコミュニケーションを密にしていると、次第に信頼関係が築かれます。保護者と先生の間に信頼感があれば、気になる子どもの様子や進路に関する不安や悩みなどが相談しやすくなるでしょう。

進路面談などで先生に聞きたいことは、あらかじめメモにとっておくなど、整理しておくと、話がスムーズに進みます。

◆進路面談で心に留めておきたいこと

進路面談には、先生と保護者によ

る二者面談、そこに子ども本人を交えた三者面談などがあります。いずれの場においても、親の意見を押しつけるような態度は好ましくありません。とくに三者面談の場では禁物です。特性のある子どもは、命令口調や否定的な言葉に敏感で、必要以上に拒否感を覚えてしまう場合が少なくありません。まずは、子ども自身がこの先の進路や将来をどのように考えているのか、やりたいことがあるのかなどに耳を傾ける姿勢で臨みましょう。

また、面談の場において、保護者の希望を一方的に話し、先生の意見を否定するような態度をとってしまうと、感情的に対立してしまう場合があります。面談で最終的な結論に導こうと焦らず、話し合いを重ねながらよりよい進路選択をする場だととらえましょう。

進路面談で聞いておきたいこと

特性に合わせた高校の選び方

高校進学を検討する際には、本人の特性と支援との相性が大きなポイントになります。高校の支援体制の有無など、子どもと一緒にしっかり確かめておきましょう。

◆早めに志望校を絞って
◆目標を明確にする

高校には、全日制、定時制、通信制、高等特別支援学校、特別支援学校の高等部など、さまざまな選択肢があります。また、全日制でも普通科のほかに、工業科、商業科などの実業科があります。高校を選ぶことは、そのまま子どもの将来に直結することになるので、本人のやりたいことや得意分野などを考慮した将来設計をふまえて慎重に検討しましょう。

本人にまだやりたいことがなかったり、将来を考える力が乏しい場合は、早めに志望校を絞り、子どもと一緒に学校を訪問して、カリキュラムや校内の雰囲気を確認したり、在校生に話を聞いてみるなどして、判断材料にするといいでしょう。実際に高校に足を運ぶことで、子どもは進学先を知ることができ、高校生活に関する不安が軽くなったり、受験の準備に前向きになったりします。

◆◆ 支援体制について確認しておこう

高校選びは、いわゆる知名度や偏差値などにこだわるよりも、子どもとの相性を考慮して選ぶことが重要です。

発達障害の診断をオープンにして進学する場合は、発達障害に理解がある学校か、支援体制が整っているかなどを、高校を訪問する機会に確認する必要があります。現在、高校の支援体制は一律ではなく、学校によって大きく異なります。

高校を訪問する際には、校長先生や支援担当教諭などに相談する機会を設けてもらい、それまでの支援の実例や、支援を受けている先輩の話を聞いてみるといいでしょう。親の会などで高校進学にまつわる体験談を聞くことも参考になります。

さらに、高校卒業後の進路を確認することも大切です。子どもが大学進学を希望している場合は大学進学率や進学先などをチェックしてみましょう。

大学進学率が低くても、特定の企業や業種への就職に実績がある場合もあります。それによって、子どもの将来をより具体的にイメージすることができます。

進学先の情報の集め方

高校進学や進路に関する情報は多ければ多いほど選択肢が広がります。情報は的確に集めましょう。

高校の現状について

保護者会、発達障害児の親の会、医師や保健師などとの情報交換や口コミ、インターネットなどから、高校の現状について把握しておきましょう。

地域の情報

近隣の高校についての基本情報は、中学校や教育委員会などの関連機関などで収集できます。

国の制度

全国一律の制度を知るには、おもに教育関連の本や専門書などで調べてみましょう。

将来の仕事や自立について考えてみよう

将来の自立を目指す際に、どんな仕事が向いているのか、能力や適性を判断することが欠かせません。子どもの「得意・苦手」「向き・不向き」を考慮して選びましょう。

◆子どもの能力や◆適性を把握しよう

だれにでも得意なことと苦手なことと、向いていることと向いていないことがあります。ただ、特性のある子どもの場合は、それらの差が非常に大きい場合があります。

仕事を選ぶというのは、就職することがゴールではなく、就職先で活き活きと働き、それにより自立した生活が送れるようになることが重要です。

実際、合わない仕事に就いて苦しむケースは少なくありません。合わない仕事、合わない職場だからと、簡単に転職できるものでもありません。だからこそ、事前に子どもの能力や適性を見極めて、子どもの特性に合った仕事を選びたい（ジョブ・マッチング）ものです。

そこで子どもの能力や適性を把握するために、支援者や支援機関に協力してもらい、「得意・苦手」「向き・不向き」などを書き出して整理してみましょう。

特性が一人ひとり違うように、適職も人それぞれ違います。「この仕事が合う」という正解はありませんが、向いている仕事の傾向をつかむことはできます。

向いている仕事と向いていない仕事

ASDのケース

向いている人が多い

- ◆作業を規則正しく行える
- ◆単純な作業が続くことをいとわない
- ◆むずかしい漢字や文章の読み書き
- ◆パソコンの操作
- ◆専門知識を覚える
- ◆細かい部品などの管理・整理
- ◆常識にとらわれない新しい発想力

向いていない人が多い

- ◆スムーズな会話
- ◆職場でのコミュニケーション
- ◆人間関係を構築する
- ◆お世辞やジョークを言う
- ◆ストレスと上手に付き合う
- ◆ミスをなくす
- ◆急な予定変更に対応する
- ◆周囲の空気を読む

向いている仕事の例

- ・ＩＴ系
- ・業務管理部門などの
  デスクワーク
- ・工場の製品管理部門
- ・清掃業
- ・研究職
- ・調理関係
- ・芸術関係

向いていない仕事の例

- ・営業職
- ・窓口業務
- ・接客業

※記述した職業はあくまで一般例です。特性によっては当てはまらないことがあります。

column 5

子育てに疲れない「ほどほど支援」を心がけよう

子どもの将来を考え、早めに準備をすることは大切です。しかし、子どもの現状を見て、必要以上に不安になってしまう場合があります。

実際、特性のある子どもを持つ親は、さまざまなストレスを抱えています。日々の暮らしの中で起こる問題への対処、子どもの将来に対する漠然とした不安、あるいは家族や身内からも「わかってもらえない」といういらだちや孤立感など、一生懸命がんばっている人ほど、大きなストレスを溜め込みがちです。そんな状態が続けばうつ状態になったり、家族関係がギクシャクするようになる可能性があり、子どものためにもよくありません。

特性の有無にかかわらず、子育ての環境を整えるには、なにより家族の精神的な健康（メンタルヘルス）が土台となります。メンタルヘルスを維持するには、まず子育ての多くを担っているお母さんの負担を、お父さんやほかの家族にも分担してもらいましょう。その上でお母さん自身も、自分の気持ちを家族に話したり、適度に休んだり、一人の時間を持つなど、上手に気分転換することが必要です。

子育てには、近道も終着点もありません。特性があるからといって、必要以上に深刻にならず、また気張らずに「ほどほど」を心がけることが大切です。「ほどほど支援」で、子どもも家族も互いに自分のペースで成長・発達していくことを目指しましょう。

第6章

世界で注目されている「ギフテッド」とは何か

海外ではすでに広く知られ、日本でも取り上げられることが増えている「ギフテッド」。生まれつき顕著に高度な知的能力や才能を持つ子どものことですが、ギフテッドと発達障害との関連についても注目が集まっています。本章ではギフテッド、ギフテッド＋発達障害の基本的な考え方について紹介します。

最近注目を集めている「ギフテッド」とは何か

先天的に顕著に高度な知的能力や才能を持っているギフテッドの子どもたち。果たしてギフテッドとは何なのか、その特徴を見ていきましょう。

◆日本人の約2・5%の割合で存在している

「ギフテッド（Gifted）」という言葉を耳にしたことはありますか。ギフテッドとは、生まれつき飛びぬけて高い知的能力や才能を持っている子ども、またその能力のことをいいます。

贈り物を意味する英語の「ギフト（gift）」が語源で、海外では「天から与えられた能力」として広く認知されています。

日本では「英才児」と訳され、「飛び級ができるような賢い子ども」という一面的なとらえられ方をしていますが、本来ギフテッドは、学業だけにとどまらず、言語能力、記憶力、芸術性、創造性、リーダーシップなど、多岐にわたる分野において高い潜在能力を持っています。

ギフテッドは医療における症状ではないため、国によってもその定義もまちまちですが、仮にＩＱ１３０以上の知的ギフテッドを例にとると、日本人全体の約２・５％、１０００人に25人の割合で存在するとされています。生まれ持った能力のため、早期教育や英才教育によってギフテッドになることはありません。

◆同年の人より学習の習熟が早い

ギフテッドの一般的な特徴として、常に多様な知的刺激を求め、同い年の人よりも早く、深く学ぶことができることがあげられます。たとえば、小学生のうちに中学校で習う数学の問題を解いてしまう、歴史の教科書を一読しただけですべて覚えてしまうなどです。したがって、特別な努力をしなくても飛びぬけた成績を修める子どももいますが、興味のわかない分野では成績が芳しくないなど個人差があります。学業以外

「ギフテッド」の主な特徴

1 記憶力が非常に高い

記憶する情報量が非常に豊富です。ただ、興味のないことには覚える意欲がわかない場合があり、学校の成績が優秀であるとは限りません。

2 すぐに物事を学び判断できる

論理的に物事を考えることができ、判断力にも優れています。ときには、大人顔負けの考え方をし、意見をいう場合もあります。

3 年齢のわりに語彙力が高い

並外れた語彙力を持っており、大人でも使わないような表現や、年齢にそぐわない複雑な文章を構成したりします。

4 数字やパズルなどに親しむ

数字やパズルを含む問題を解くことを好みます。

5 感情の起伏が激しく神経質

感受性が強く、神経が過敏で繊細。そのため感情が爆発したり、ささいなことで傷つき、ストレスをためやすい傾向があります。

6 正義感が強い

社会や政治、不正などに対して関心を示します。さまざまなことに疑問を持ち、弱い者いじめや理不尽な圧力を嫌うなど、正義感が強い一面があります。

7 想像力がある

さまざまなことを頭の中で空想したり、物思いにふけったりすることがよくあります。

8 好奇心が強い

さまざまな分野において好奇心が旺盛です。また、関心を持ったことに対してさまざまな疑問を抱きます。

9 集中力が高い

興味のあることに対して、とことんのめり込む傾向があります。高い集中力が長い時間持続します。

10 並外れたユーモアのセンスがある

物事を鋭くとらえ、優れたユーモアのセンスを発揮することがあります。とくにダジャレや言葉遊びなどを好みます。

の好奇心、想像力、洞察力、独創性、共感性、芸術性などにおいても、どこにどれくらいの能力が発揮されるかは個人差があります。

他には、五感の感覚が敏感で精神的に繊細であるという特徴も見られます。そのため、ささいなことで傷つきやすい場合があります。また、正義感が強く、不正や不公平、理不尽なことを嫌ったり、完璧主義で自分の思い描く理想を追い求めるあまり、現実とのギャップに苦しんでしまうなど、ストレスをためやすい傾向も見られます。

ギフテッドは、どのように判定されるのか

ギフテッドの判定方法は国によって異なります。日本では、その方法が確立されておらず、知能テスト（IQテスト）によって判定されるケースがほとんどです。

◆さまざまな分野の能力を総合的に判断

２０１４年に、カナダ在住の日本人少年が話題になったことがありました。彼は5歳のときに両親とともにカナダに渡り、9歳でカナダ政府からギフテッドと認定されました。

その後12歳で小学校からハイスクールに飛び級で進学し、14歳でハイスクールを卒業。五つの大学に奨学金つきで合格を果たしたときは、「果たしてどの大学を選ぶのか？」と現地のニュースでも大いに話題になりました。

カナダでは、「総合的な知性」「学力」「クリエイティブ・シンキング」「社会性」「芸術性」「音楽的才能」「身体能力」などを判断基準に、ギフテッドを判定しているようです。知性や学力だけでなく、芸術、音楽、スポーツ分野での能力も含めて総合的に判断し、ギフテッドの子どもの能力を伸ばすという考え方が根づいています。

カナダだけでなく、ドイツやスイスをはじめとするヨーロッパの国々、アメリカなどでもギフテッドの子どもたちに特別なプログラムを用意し、その育成に力を注いでいます。

ギフテッドの子どもたちは、「１を聞いて10を知る」能力を持ち合わせている場合が多く、基本的な知識を提供し、興味や問題意識を持たせてあげれば、自分の好む方法で深く掘り下げ、能力を伸ばして、高いレベルに到達します。

ただし、ギフテッドの思考レベルや興味の向かうものには個人差が大きいため、ふつうの勉強ではつまらなくなって授業に出なくなってしまったり、あるいは授業に出てもふつうの子どもたちとは次元の異なる考え方をして周囲から浮いてしまい、誤解されてしまう場合も少なくありません。そのため海外ではギフ

テッドに特別なプログラムを用意し、子どもたちの能力や個性に合わせた教育を行われています。

日本では、判定のしくみが整っていない

ギフテッドの子どもは日本にも多く存在しているはずですが、現段階では、その存在を発掘するしくみが整っていません。日本でギフテッドと認定されるのは、本の読み聞かせをすると一回で内容を丸暗記してしまう、算数だけずば抜けてできるなど、飛びぬけた能力に気づいて知能テストを受けてみたら、ＩＱが１３０以上あったというようなケースがほとんどです。

しかし、ギフテッドの存在が世界的にクローズアップされ、そうした人材が新しい発明をしたり、イノベーション（技術革新）を起こすなどの成果を上げていることから今後は、日本でもギフテッドの発掘や育成に力を入れていくのではないかと期待されています。

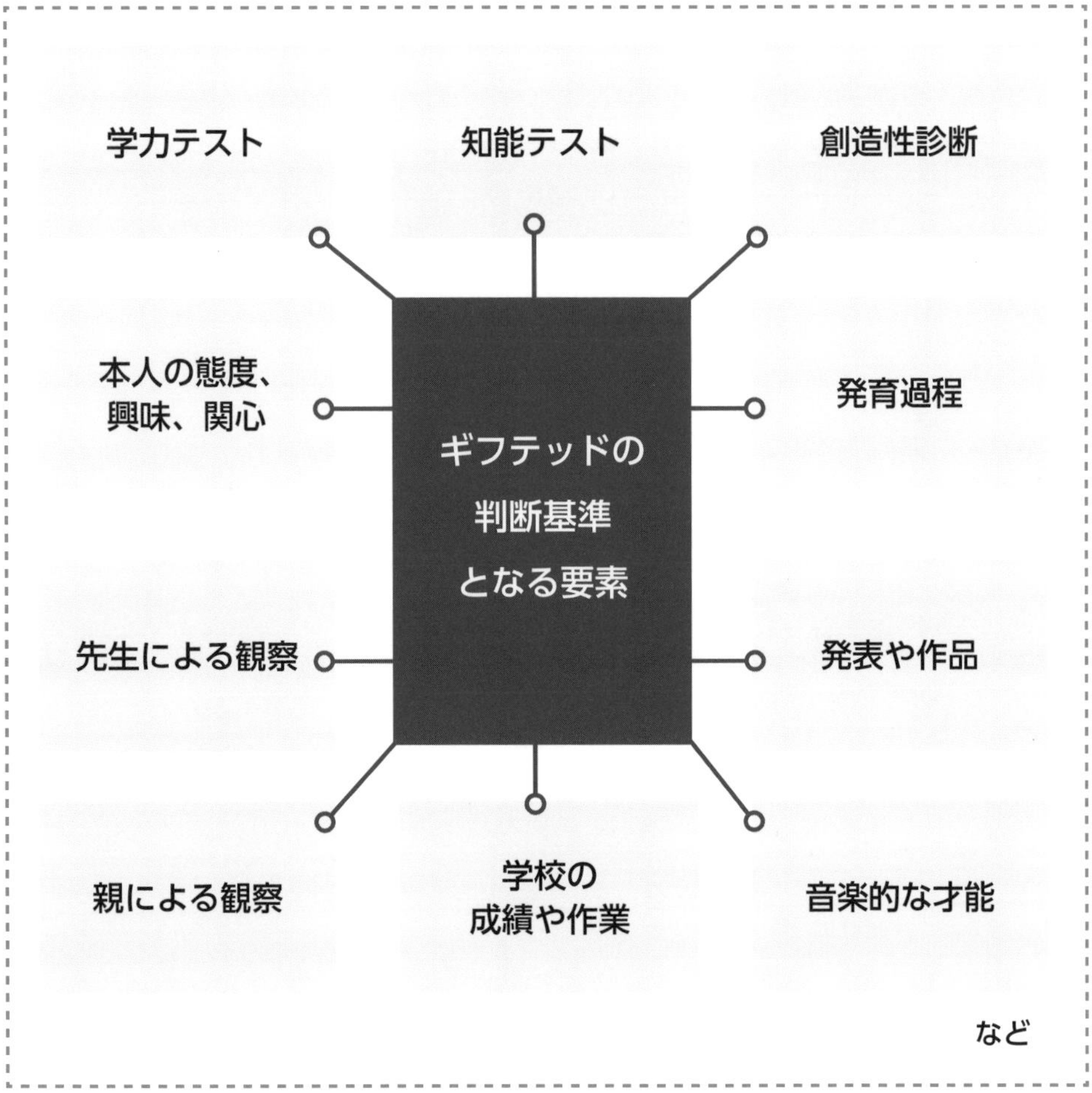

ギフテッドの中には、発達障害の子どももいる

ギフテッドの子どもの中には、ＡＳＤ傾向を持つ子どもやＡＤＨＤ傾向を持つ子どもがいる場合があります。

◆ギフテッド＋発達障害＝「2E」

近年、ギフテッドが注目を集めるようになるにつれて、発達障害との関連についてもさまざまな議論がなされています。

ギフテッドの子どもの中には、興味のあることに対して並外れた集中力や情熱を傾けるなど、ふつうの子どもとは異なる振る舞いが見られる場合があります。それがＡＳＤやＡＤＨＤの子どもの行動と似ていることから、発達障害のある子どもが実はギフテッドなのでは？　と期待を寄せる人もいます。

たしかに、日本で発達障害のある人の割合は全体の６・５％、ギフテッドの人は全体の２・５％ほど存在するとされているので、発達障害のある人の中にギフテッドが存在することはありえます。しかし、発達障害＝ギフテッドではありません。

ギフテッド自体、その定義が確立されているわけではないので、ギフテッドの発掘や育成が盛んな欧米諸国でも、ギフテッドの子どもをＡＳＤやＡＤＨＤ、強迫性障害や気分障害などと誤診するケースが少なくありません。

したがって判断はむずかしいのですが、たとえば知能テストによってＩＱ１３０以上ある知的能力の高いギフテッドの中に、ＡＳＤ傾向のある子ども、ＡＤＨＤ傾向のある子どもがいることが知られており、発達障害のあるギフテッドの子どもを「２Ｅ（Twice-Exceptional＝二重に特別なという意味）」と呼んでいます。

◆「2E」の子ども向けのプログラムは確立していない

２Ｅの子どもたちの特徴を見てみると、たとえば社会性や想像力が低

い傾向にあります。そこだけに目を向けると発達障害の特性が強いと感じられますが、知能テストを行うと、記憶力、語彙力、文章理解力など特定の能力が非常に高かったりします。

そのため学校での学習の習得には問題がない場合も多く、2Eの子どもたちを療育したり、特別なプログラムで学ばせたりすることなく、放置されているケースが少なくありません。

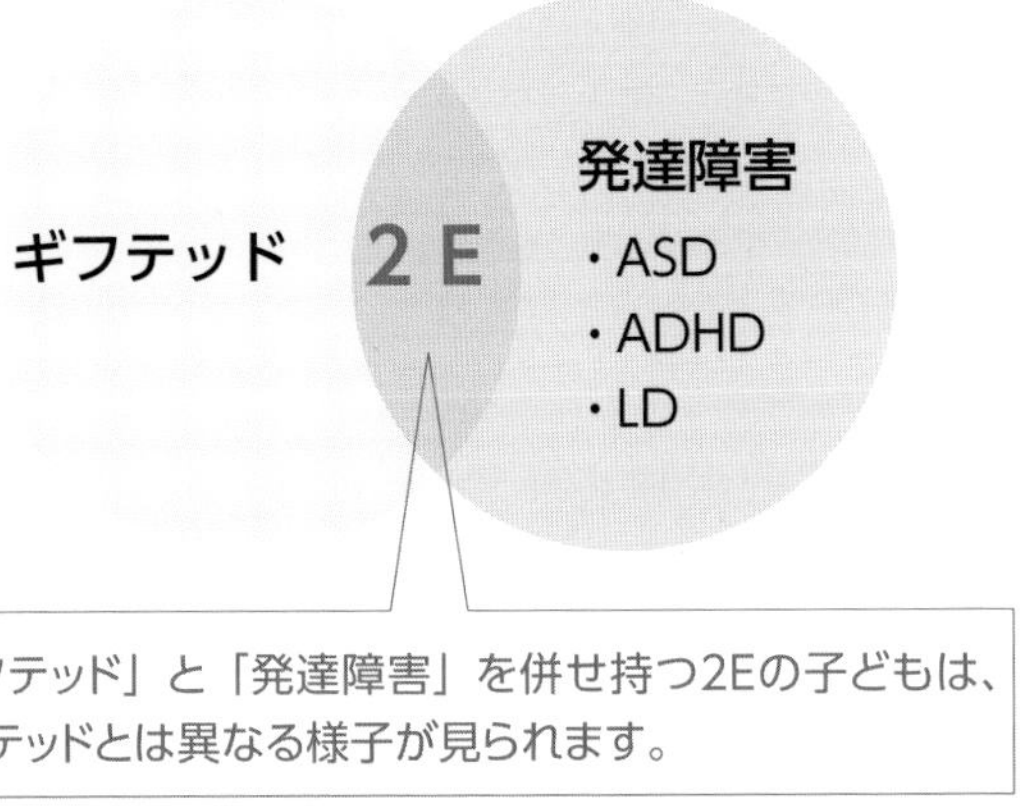

「2E」の子どもの特徴

対人関係

- 友だちと関わることが難しい
- 自分の意にそぐわないと反抗的な態度をとりやすい
- 孤立しやすく、学校の活動に参加しない
- 社会的な手がかりを読むのが苦手
- 自己表現のスキルが同年齢に比べて低い

など

対自己

- 批判に弱い
- 完璧主義で、危険や間違いを起こすことを恐れる
- 衝動的にふるまう
- 自己批判的で自尊心や自己肯定感が低い
- イライラしやすい

など

学習面

- 学業成績の中に偏りがある
- 興味が幅広い
- 語彙や知識が豊富
- 特定のことに興味を持つ
- 筆記が苦手
- ドリル練習などの課題を嫌う

など

認知面

- 高い問題解決力や推測スキルを持つ
- 物事の全体像を理解する
- 創造性が高い
- 計画を立てる、優先順位を付ける、整理するなどが苦手
- 感覚過敏、感覚鈍麻など、感覚の問題がある

など

「2E」＝ギフテッド＋発達障害の子どもたちをサポートする

近年、日本においても2Eの子どもたちをサポートし、持てる能力や才能を伸ばそうとする取り組みが始まっています。

早い段階から子どもの特性に気づくことが大事

　前述のように、日本ではまだギフテッドや2Eの子どもを判定するしくみが整っていません。そのため、子どもの並外れた能力や才能を親が目の当たりにしても、ギフテッドや2Eであることがわからないまま幼児期を過ごし、小学校に上がるケースがほとんどです。しかし、そうした子どもたちは優れた面がある一方で、さまざまな困難も抱えており、授業についていけなかったり、友だち関係が築けなかったり、感覚が過敏だったりするなど生きにくさを感じている場合が少なくありません。

　そういう子どもたちをサポートするには、できるだけ早い段階で子どもの特性に気づくことが大切です。2Eの子どもはかなり幼少のころから、ふつうの子どもとは違う言動や行動が随所に見られます。

　たとえば、一歳にも満たないころから意味のある言葉を発したり、読み聞かせをした絵本の内容を丸暗記してしまったり、未就学のころから大人顔負けの絵を描いたりするなど、指定の分野において驚異的な能力を発揮します。その一方で、文字を書くことを嫌がる、社会性に乏しい、こだわりが強いなどの困った面も垣間見えます。

　その状態を放置していると、子どもは成長とともに困難が増し、イライラしたり、急に大声を出したりするなど精神的に不安定になり、うつ状態に陥る場合もあります。そうならないためにも、「あれ？　変だな」と感じることがあれば、一度専門機関や専門医などに相談してみるといいでしょう。できるだけ早い段階から、子どもの状態に応じて適切な接し方やサポートを行うことが、子どものやる気や自己肯定感を育み、本来持っている能力や才能を開花させることにつながります。

2Eの子どもの対応ポイント❶

学校を休ませてもいい

2Eの特性から、学校でさまざまな問題が起こる可能性があります。特に子どもが小学校低学年で、問題からうまく離れることができず、傷ついてしまうおそれがある場合は、学校を休ませるのも選択肢です。その間は支援学級やフリースクールなどに通い、勉強は塾で行うようにします。元来、勉強はできる子どもなので、授業の遅れはすぐに取り返すことができます。

2Eの子どもの対応ポイント❷

その子どもの行動を認める

2Eの子どもたちはもともと思考能力が高いので、理路整然と説明すると納得しやすくなります。子どもがなんらかの問題行動をとる場合それをただ叱るのではなく、なぜそうしてしまうのかを聞いてあげましょう。「その考え方は正しいよ」と認めて、その上で「でも、そういうことをすると損をするよ。こうしてみたら？」とアドバイスすると、落ち着きを取り戻す場合があります。

2Eの子どもに必要なサポート

就学前

- 子どもの状態の把握（幼稚園、保育園、療育現場における子どもの様子を、チェックリストなどを用いて把握）
- 必要に応じた作業療法や言語療法の実施
- ペアレントトレーニング（子どもの行動に焦点を当て、具体的にどのような対応ができるのかを親が学習するプログラム）の実施
- SST（ソーシャルスキルトレーニング・社会生活技能訓練）の実施

小学校低学年

- 苦手の克服（こだわり、社会性、書字など）
- いじめからの逃避（学校を休む、転校するなど）
- 適切な学習場所の確保（支援学級、学習支援塾、フリースクールなど）

小学校高学年

- 居場所の確保
- 同様の子どもとの交流（部活、ネット交流サイト、ギフテッド・アカデミーなど）
- ITを利用した苦手の克服
- 得意を伸ばす教育（能力別クラス、塾、飛び級）

中学校以降

- 同様の子どもとの学校生活
- 尊敬できる先輩、教師、医師などとの出会い
- 居場所と興味の幅を広げる（博物館、図書館、研究所、大学、ライブラリー、インターネット空間でのVR体験など）

「2E」の子どもの治療事例

学校などで問題行動を起こしたり、友だちとうまくいかずにうつ状態に陥ってしまった「2E」の子どもに、適切な治療とサポートを行うことで学校生活が送れるようになり、能力を開花させた例を紹介します。

事例①　文字が書けず、宿題が出せないことから体罰を受けてしまったA君

生後5カ月で「ママ」「パパ」と呼び、2歳半で月の満ち欠け、3歳で重力を発見、4歳で両親が亡くなったあとの遺産を心配して泣き出したというA君。もともと本を読むことは好きでしたが、文字を書くことを嫌がり、小学校入学後も文字が書けませんでした。そのため宿題が出せず、忘れ物も多かったことから、繰り返し体罰を受けていました。

次第に家庭でしゃべらなくなり、喜怒哀楽の感情もなくなり、夜間に目が覚めてしまう（夜間覚醒）ようになりました。また、外出先で過去の怖い出来事が目の前に再現されるようになってしまい、医療機関を受診しました。

診察すると、A君にはASD傾向があることがわかりました。ただ、医師からの問いかけに反応がなく、表情も乏しいため、体罰や友だちからのいじめなどのトラウマだと判断され、学校を休むことにしました。その上で、ペアレントトレーニングを行いながら、認知行動療法（認知に働きかけて気持ちを楽にする心理療法）、薬物療法などを続けました。

一年後に改善が見られたので、支援学級に通い始め、「まあいいか」の気持ちやほかの子どもとのコミュニケーションを学びました。さらに学習面では予備校の上位クラスで勉強しました。

その結果、小学校4年生から通常学級に復帰しました。小学校6年時に久々に外来に元気な姿を見せたと

きには、中学受験を目指して勉強をしていることや、支援学級がどれだけ自分の救いになったかを活き活きと話してくれました。あまりの変わりように知能検査を行ったところ、なんとＩＱが１３０近くある「２Ｅ」であることがわかったのです。その後、Ａ君は国立大学附属の中学に合格し、順調な中学校生活を送っています。

事例② 学校で暴れたり、友だちを殴るなどの問題行動をとっていたＢ君

ＡＤＨＤの特性があるＢ君は衝動的なところがあり、学校で大声を出したり、暴れたり、友だちを殴ってしまうという問題行動がしばしば見られました。そのため医療機関を受診して、衝動性を抑える薬物療法を行うことになりました。

Ｂ君は、非常に勉強のできる子どもです。話を聞くと、お父さんは東京大学医学部を卒業した医師で、お母さんも東京大学を卒業していました。そしてお父さんはＢ君のことを、「自分の子どものころにそっくり」だというのです。お父さんも子どものころはしょっちゅう友だちを殴って、廊下に立たされたり、校庭を何周も走らされたりしたというのです。それでも現在は衝動性がコントロールされ、立派に医師を務めているわけです。

その話もふまえて、Ｂ君には薬物療法に加えて、殴るという衝動を抑えるための「アンガーマネジメント」（怒りを上手にコントロールするプログラム）を行うことにしました。たとえカッとなっても、５秒間数える間に「手を出してはいけない」と考えることができれば、殴るという問題行動を起こさずにすみます。そうすれば、学業が優秀であるという特徴が前面に出てきて、将来的にお父さんのようになっていくのではないかと大いに期待しています。

2Eの子どもの能力を伸ばす「ギフテッド・アカデミー」

ギフテッド・アカデミーは、どんぐり発達クリニックが2Eに関する情報提供や2Eの子どもと保護者の交流の場として、2016年に開設したWEBサイトです。保護者の交流の場では、小学生、中学生、高校生の掲示板などが設けられ、学校やフリースクールなどの情報共有が行われています。また、具体的な活動として、保護者を対象とした「親の会」の開催、SST（ソーシャルスキルトレーニング）や遊びの会、大手企業とのコラボによるVR体験会などを開催しています。

監修者略歴

宮尾益知（みやお　ますとも）

東京生まれ。徳島大学医学部卒業、東京大学医学部小児科、自治医科大学小児科学教室、ハーバード大学神経科、国立成育医療研究センターこころの診療部発達心理科などを経て、2014年にどんぐり発達クリニックを開院。主な著書・監修書に『発達障害の治療法がよくわかる本』、『発達障害の親子ケア』、『女性のアスペルガー症候群』、『女性のＡＤＨＤ』（いずれも講談社）、『アスペルガーと愛』（東京書籍）、『職場の発達障害』、『女性の発達障害』（いずれも河出書房新社）など。専門は発達行動小児科学、小児精神神経学、神経生理学。発達障害の臨床経験が豊富。

◈参考図書

『発達障害の基礎知識』宮尾益知／監修　河出書房新社
『お母さんができる発達障害の子どもの対応策』宮尾益知／監修　河出書房新社
『女の子の発達障害』宮尾益知／監修　河出書房新社
『発達障害の子どもが伸びる　ほめ方・しかり方・言葉かけ』塩川宏郷／監修　河出書房新社
『発達障害を持つ子どものサインがわかる本』塩川宏郷／監修　主婦の友社
『発達障害の子どもたち、『みんなと同じ』にならなくていい』長谷川敦弥／著　ＳＢ新書
『誤解だらけの発達障害』 岩波明／著　宝島社新書
『発達障害のある子どもができることを伸ばす！ 学童編』 杉山登志郎／著　日東書院

◈Staff

装丁／志摩祐子（レゾナ）
本文デザイン・DTP／志摩祐子、西村絵美（いずれもレゾナ）
カバー・本文イラスト／横井智美
企画・構成／佐藤義朗
取材・執筆／関根利子
編集／西垣成雄

ASD（自閉症スペクトラム障害）、ADHD、LD 発達障害の子どもが持っている 長所に気づいて、伸ばす本
隠れている“得意”をつぶさない対応とサポート

2020年２月28日初版発行
2022年６月30日３刷発行

監　修　宮尾益知
発行者　小野寺優
発行所　株式会社河出書房新社
〒151-0051
東京都渋谷区千駄ヶ谷2-32-2
電　話　03-3404-1201（営業）
03-3404-8611（編集）
https://www.kawade.co.jp/

印刷・製本　図書印刷株式会社

Printed in Japan　ISBN 978-4-309-24951-3